シュートマッチ

プロレス「因縁」対談 10番勝負

アントニオ猪木+長州力+
天龍源一郎+藤原喜明 ほか

宝島
SUGOI
文庫

宝島社

はじめに

ターザン山本

レスラーによっては決定的NG相手がいる。「あいつとは絶対にダメだからな！」。なぜ？　どういう理由でそうなったのか？　これはまあ例外的なケースといえる。かつてギクシャクした関係にあった者同士、長い時間がたつとそれもなぜか氷解していく。自然な流れのなかで和解という形を取ることが多い。結局、あの時、あの瞬間は真剣だったのだ。本気だったのだ。だから感情的衝突は避けられなかった。

さて今回の『シュートマッチ プロレス「因縁」対談10番勝負』。プロレスファンはもともと「いざこざ」「揉《も》め事」「犬猿の仲」というのが好きだ。好奇心をそそられる。根が野次馬根性なので仕方がない。対談をセッティングする編集者の立場からすると冷や冷やものだ。腫れ物に触る思い。誰と誰の企画がボツになったのか。無理だったのか。

それを想像してみるのも楽しい。「あれとあれ？」。そのクイズに正答できる人はファンとして相当なマニアだ。「遺恨」「憎しみ」「怒り」で今も妥協しないレスラーは誰なの？　そんなこんながあってここに登場した20人のメンバー。

いったい彼らは何を語ろうというのか。過去との辻褄《つじつま》合わせは可能だったのか。単なる思い出話に終わったらつまらない。対談が設定された時点で、それぞれの組み合わせが持っている読者の側からの圧倒的期待感。まずそれが先行する形でひとり歩きする。

「因縁」というからにはどうしてそうなったのか。原因はどこにあるのか。あるいはそれに関して真犯人は果たしているのだろうか。そういう視点からの見方、捉え方ができる。それとも因縁自体がすでに風化してしまったのか。そのあたりの徹底的現実は興味深いものがある。読者はやはり犯人探しの答えを見つけたがっているはずなのだ。

いずれにしてもこの「10番勝負」は対談版の異種格闘技戦だ。対談相手が同じプロレスラーであっても立場が違う。そこがいちばん面白い。要するに因縁の当事者は、本人も気づかない形で踊らされていた、という驚きの事実があったりする。全員が何かに巻き込まれてしまったのだ。そこにプロレスが基本的に持っている「悪魔的リアリティー」と「ダイナミズム」がある。

そうなると次のことが問われてくる。石井館長と草間さん、永島さんは別にして、他のプロレスラー15人、最後は己の中にどれだけ「引き出し」を持っているかだ。対談版異種格闘技戦はこの引き出しのレベルで勝負が決まる。目の前にいる相手だけを敵と思っていたら大きな落とし穴にはまる。プロレスはまさしく「底が丸見えの底なし沼」なのだ。

シュートマッチ プロレス「因縁」対談 10番勝負 目次

装丁/金井久幸(TwoThree)
本文デザイン&DTP/武中祐紀
編集/片山恵悟(スノーセブン)
カバー写真/吉場正和

「前田は政治家向き。口が達者で、うるさいから（笑）」（猪木）

対談1

アントニオ猪木×石井和義

取材・文●ジャン斉藤
撮影●タイコウクヨシ

石井和義 いしい・かずよし●1953年、愛媛県生まれ。80年、正道会館創設。91年から前田日明のリングスと提携し、佐竹雅昭、角田信朗らが参戦。93年からはフジテレビと組んでK-1をスタートさせる。日本テレビ、TBSでもゴールデンタイムで放送され、K-1は一大ブームに。2002年8月、格闘技史上最大のイベント「Dynamite! SUMMER NIGHT FEVER in 国立」を総合プロデューサーとして成功させた。03年、脱税事件で逮捕されて以降は格闘技興行の第一線から身を引く。現在は、新たなビッグプロモーションの開拓、正道会館の宗師として空手の普及を目指し、世界各地を飛び回りながら精力的に活動中。

アントニオ猪木 あんとにお・いのき●1943年、神奈川県生まれ。13歳からブラジルに渡り、コーヒー農園で過酷な労働に従事していたが、60年に力道山にスカウトされ日本プロレスに入門。同年9月の大木金太郎戦でデビュー。66年、東京プロレスを設立するも3カ月で破産し日プロに復帰。ジャイアント馬場とのタッグチーム「BI砲」で活躍したが、71年にクーデター事件を起こし日プロ追放。翌72年に新日本プロレス旗揚げ。「燃える闘魂」と称され、異種格闘技戦、IWGP戦などでプロレス黄金時代を築く。98年、引退。2013年から参議院議員(2期目)を務めたが、19年6月26日に政界引退。22年10月、死去。

2000年代の格闘技ブームは、2人の天才が手を組んだことから始まった。天才プロレスラー、アントニオ猪木と、天才プロモーター、石井和義——。

モハメド・アリらと異種格闘技戦を行い、現在の総合格闘技の礎を築いた猪木。旧時代的だったそれまでの格闘技興行のあり方を大きく変え、格闘技をメジャー化することに成功した石井和義。新日本プロレス、K-1、PRIDE……格闘技界の人材やお金、叡智《えいち》が一体となって世間に挑んでいたあの頃の熱狂を立役者の2人に振り返ってもらった。

「PRIDEの怪人」にナンパされた（笑）

猪木　あの頃のプロレス・格闘技界にはいろんな人がいて、どっちかといえば俺はプロレス一筋だったんですが、若い人には格闘技に興味がある者もいたり。俺の場合は20代から会社（新日本プロレス）を始めたんですが、やっぱり一番は会場をどれだけいっぱいにするか。それがひとつの目標でね。「試合ができれば別にいい」という人がいたかもしれないけど。いろんな人間がいるなかで、いちばん面白かったのは百瀬（博教）さんっていうとんでもない人が登場したことだね。

昭和の裏社会を生きた百瀬博教は、のちに作家に転身。猪木との親交は深く、その縁から格闘技イベントのプロデューサーとしても活躍し、「PRIDEの怪人」と呼ばれた（08年に死去）。

猪木　よきにつけ、怪しきにつけ、百瀬さんみたいなああいう面白い人がちょうどあの時代に出てきて。あの人の上に乗っかるっていうのも大変なんですよね。

石井　百瀬さんが担ぐ神輿《みこし》に乗れる人間は世界中を見渡しても猪木会長しかいませんよ。

猪木　そういうなかで石井館長との出会いもあって。やっぱりそれぞれが刺激を受けた部分があると思うんですね。館長は我々の知らない世界を知ってるわけですから。

石井　百瀬さんはすごい方でしたよね。僕は猪木会長たちと「Ｄｙｎａｍｉｔｅ！」や大晦日興行をやる前から百瀬さんと知り合ってたんですけど。西麻布のイタリアンレストラン「キャンティ」で川村（龍夫、ケイダッシュ代表）さんといらっしゃる時に……。

猪木　ああ、キャンティ。昔はよく行ってましたね。

石井　僕がお店に入って行ったら百瀬さんにナンパされた（笑）。いきなり百瀬さんのマンションに連れていかれて、たくさんの本をもらって。そのお礼にスイスへ行った時にスノードームを40個ぐらい買ってきて百瀬さんにプレゼントしたんですよ。百瀬さん、スノードームが大好きで集めていて。1個や2個じゃあ申し訳ないんで40個ぐらいまとめてどーんとプレゼントしたら「やられた！」って感じでした（笑）。

猪木　フフフフフ。

石井　百瀬さんはそれからK－1のほうによく遊びに来られて。K－1でもいろいろとやりたかったんでしょうけど、僕はK－1の中に入るのはうまく断ってたんですよね。百瀬さんはやっぱり作家としてのお立場でやられていたほうがいいと。もともと稼業の方ですから、過去のこととはいえ、どうしても看板がついてまわるので、いい距離感を保ちつつ、百瀬さんの立ち位置みたいのをつくってあげようと考えたんですけど。百瀬さんにしてみたら、イライラしちゃって。あの人も血液型ABですからね（笑）。「石井館長の野郎は何がしたいんだ？　遅いじゃないか」みたいな感じだったと思ったんです。そうしているうちに、谷川（貞治）くんや柳沢（忠之）くんとの流れの中でPRIDEとくっついていったんです。

強引に話を持っていける人が百瀬さんだった

プロレス格闘技雑誌の編集者だった谷川貞治や柳沢忠之はK-1のブレーンとして活躍しつつ、1998年に産声をあげたPRIDE（DSE）の運営にも関与。2人が百瀬にPRIDEのサポートを要請することで、百瀬が懇意にしていた猪木のPRIDE登場に繋《つな》がり、いずれK-1とPRIDEの協調路線が敷かれることになる。

石井　僕と猪木会長の橋渡しはやっぱり百瀬さんだと思います。猪木会長というのは、僕たちのいわゆる産みの親。猪木会長がいなかったら、今のプロレスも格闘技もなかったわけじゃないですか。僕らの親分なわけですよ。僕の勝手な考えですよ、会長ごめんなさい（笑）。

猪木　ハッハッハッハッ。

石井　猪木会長はプロレスという枠の中だけでは絶対に収まらない人だった。それをプロレス村の人たちはプロレスの中に入れたかったわけですよ、会長を外に出したくない。会長はどっちでもいいんですよね、正直言って。猪木会長は担がれる人なんです。僕らは担ぐ側なんですけど、その場に猪木会長を引っ張り出したのが百瀬さんというふうに僕は考えているんです。

猪木　要するに俺らはよく「非常識」といわれるわけだけど。それは何を基準で常識と捉えているのかわからないですが、「面白いことをやろう！」とか、何か面白いものに興味を持てるかどうか。でも、必ず人は誰かが面白そうなことをやろうとすると「やめなさい、危ないから」と注意する。

なぜそうなるのか。要するに俺が見ているものと、他の人間が見ているものが違うというか。なので、若い人たち、あるいは参謀にはそれぞれ役割があるなかで、どうしても俺が1人で突っ走ってるような感じになってしまう。その時一緒に目指してるものが違うんですよね。

石井　会長の考えはもっと先に向かってるんだけど、周りの人には現状があるじゃないですか。そこはどうしてもズレが出てきますよね。で、僕たちが新しいステージ、新しい場みたいなものをつくって「猪木会長どうですか？」と担いでいきたいんですけど、猪木会長にお願いするのはなかなか難しい。別に持ち上げているわけではないんですが、僕らにとってはカリスマじゃないですか。

猪木　いやいや、そんなことはないんだけどね。

石井　なかなか無理なお願いはできないし、みんな気をつかうじゃないですか。そこで強引に話を持っていける人が百瀬さんだった。

猪木 百瀬さんは面白い人でしたよ。ある時も「高いところは大丈夫？」と聞かれてね。
石井 ああ、国立競技場のスカイダイビングですね（笑）。

真っ暗闇の中での国立競技場スカイダイビング

02年8月28日に開催された「Ｄｙｎａｍｉｔｅ！」——総合プロデューサー石井和義、運営ＰＲＩＤＥのもと、国立競技場で初めて格闘技イベントが行われた。入場者数９万１１０７人。猪木は大会途中、３０００メートル上空からパラシュートで国立競技場に舞い降りるという前代未聞のパフォーマンスを見せた。00年代格闘技ブームを象徴するシーンである。

石井 僕らは「Ｄｙｎａｍｉｔｅ！」という舞台をつくって、会長に来ていただいて、申し訳ないけど空から飛んでいただいた。普通は飛ばないです（笑）。
猪木 フフフフフ。
石井 会長は降りた瞬間にリングに上がって、いつもは「元気ですかー!?」って叫ぶのに、リングサイドの僕のほうを向いて「バカヤロー!! 俺は怒ってるぞーっ！」と（笑）。いまだにあれは僕の勲章だと思っていますけどね。
猪木 あれは素晴らしい夜だったね。
石井 会長、面白かったですね。
猪木 百瀬さんから「高いところ大丈夫？」って聞いてくるから「高いところ大丈夫です

よ」って。まあ何をやるのか詳しくは知らなかったんですが、アメリカに帰ったら当時の女房がニュースで知ったのか「何か危ないことやるらしいじゃない」「うん、そうかな」って程度。日本に戻ってちゃんと説明を聞いたら「1回練習する?」と。練習なんかいらない、飛びゃあいいんでしょ?って。命を粗末にしたわけじゃないけど、こういう企画に関わる人たちはプロ中のプロだっていうから「心配ない、任せる」っていうだけで。

石井　国立競技場の中に用意されたエリアにピンポイントで降りなきゃいけない。猪木会長が飛んだのは夜でしたからね。昼間なら国立競技場が見えるけど、真っ暗な中にパラシュートで降りてくるんですから怖いですよ。

猪木　でも、あれは最高でしたよ。俺はいろんな危ないことをやってきて、それこそピラニアが泳いでいるアマゾン川で泳いだりとかもありましたけど、あれは最高のパフォーマンスといっていいのかも。

石井　僕だったら1億円やるって言われてもやらない(笑)。猪木会長はあの時スカイダイビング初めてですよね?

猪木　そうです。まあ、国立競技場で興行をやるなんてことがなければ、あんなこともやらないですからね。

石井　あの「Dynamite!」というのは本当にすごい興行だった。屋外の興行だから、もし雨が降ったら翌日に延期で大変なことになったんです。1日延びたら2億円ぐらい僕が損する。猪木会長も僕も運が強いほうなので雨は降らないと思ってましたけどね(笑)。

実は国立競技場も最初は貸してくれなかったんです。交渉は他の人間に任せていたんですけど、国立競技場は格闘技には貸せないと。そこで僕が動くことになって、元総理大臣の森喜朗先生にお願いをして無理やりねじ込んだ。森先生には本当にお世話になりました。森先生も「Dynamite!」に来場していただいて、オープン前から最後までいらっしゃいました。あの人はスポーツや格闘技に理解が深いんですよね。

安田がバンナに勝ったのは本当のハプニング

国立競技場の「Dynamite!」と並んで、00年代格闘技ブームの象徴的イベントのひとつだったのが大晦日「INOKI BOM-BA-YE」だ。K-1、PRIDE、猪木が手を組んで開催された「INOKI BOM-BA-YE」は、01年と02年の12月31日に2年連続開催された。

石井　猪木会長はPRIDEのほうでプロデューサーというか名誉会長をされてて、K-1の僕らがPRIDEのリングに上がって挨拶して一緒にやっていこうとなった。それでK-1のリングで藤田（和之）選手とミルコ・クロコップが総合格闘技ルールで闘うことになった。僕はK-1側の人間でしたけど、ミルコが勝つとは全然思っていませんでした。

猪木　あの試合があった時、俺はロスにいたんです。藤田も闘おうと思えば闘えたけれども、まあ大流血のドクターストップということで。スターが世の中に出てくる時って必ず相手が面白いんですね。1人では何もできない。いい相手であればいい相手であるほど、勝った時の光が大きい。初代タイガーマスクだってデビュー戦の相手がダイナマイト・キッドじゃなかったら、あそこまで光らなかったと思いますよ。

石井　キッドがいたからこそのタイガーマスク。ミルコも藤田選手相手に勝ったことで面白くなった。藤田選手が勝っていたらそのままじゃないですか。藤田選手の顔にミルコのヒザが当たって、額の骨が見えるほど割れて、血が流れてドクターストップ。ああいう形で試合が終わると、ファンの人たちはいろいろと先のことを考える。それが楽しいんですよね。あの試合がその年の大晦日「INOKI BOM-BA-YE」のK-1対猪木軍に繋がって、安田劇場が生まれる。安田（忠夫）さんとジェロム（・レ・バンナ）だったら、誰もがジェロムが勝つだろう……と思っていたら、まさか安田さんが勝って一躍大スターになって。

猪木　あれ、面白かったね。本当のハプニングですよ。俺、安田に有りガネを賭けときゃよかった（笑）。

「INOKI BOM-BA-YE」のメインイベントは当初藤田和之vsバンナに内定していたが、藤田が大会直前に負傷。大会1週間前まで代役選びは難航。最終的に安田が選ばれた理由は……。

猪木　まあアレしかいなかったんですけどね。

石井　いろいろと二転三転して安田さんに決まって。それも縁だし、運ですよ。安田さんもせっかく運が上がったんだから、あのままスッといっとけばよかったんですけどね。

猪木　安田は体も悪いところはないしね、あれだけのガタイがあるんだから本気で練習すれば強いはずなんですよ。ナマクラはしょうがないよね。カネもらったらすぐにパチンコいっちゃうんだもん（笑）。まあ、あんな想定外のことが起こるから面白いというか。試合の翌日、俺は安田を連れて京都に行ったんです。そしたらグリーン車の中の半分ぐらいのお客さんが安田のところに集まってきてすごかったです。視聴率も高かったんでしょ？

石井　視聴率はよかったですね。「Ｄｙｎａｍｉｔｅ！」もそうだし、ＰＲＩＤＥやＫ－1もそう。みんな猪木会長が上にいて、僕たちはその恩恵をたくさんいただいて成功に繫がっている。猪木会長には感謝しかないです。

猪木　あれだけの仕事ができたんだけど、残念ながらお互いの参謀がその先のことが考えられない。あの国立競技場以上の何をやればいいの？　となったら、富士山から下りるしかないんだけど（笑）。あの時がピークでしょ。

石井　ピークがひとつ来ましたよね。だからあそこまでいっちゃったら、その次は何をやるかというと、競技化。僕らが目指すものは世界中にアマチュアの組織をつくって、その上にプロがあって、サッカーのワールドカップみたいなものに向かって行かなくちゃいけないのに、そのあともみんなやっぱりイベント、イベントと、これまでと同じようなものの作り方。でも、「Ｄｙｎａｍｉｔｅ！」を観ちゃったら、あとはもうないじゃないですか。

猪木　テレビの視聴率も獲れたことで、欲が出てきちゃったのかな。結局なんだかわからないうちにみんな分かれてしまってね。

またスキャンダルを起こして何かやろうと思う（笑）

それまで格闘技界が一致団結して開催してきた大晦日イベントだったが、03年は猪木、K―1、PRIDEの3派に分かれるという前代未聞の興行戦争に突入した。この分派騒動の最中、猪木と百瀬の関係も切れることになってしまった。

猪木　百瀬さんは裏役で最高なのに、表に出たくなっちゃった。あのへんから狂ってきた。

石井　僕が脱税の件で捕まったのも悪かったですね。02年12月、K―1の東京ドームがフルハウスになって大成功……となった時に「石井館長、逮捕か」っていうニュースが流れて。いまだに覚えていますよ。東京ドーム大会終わりに共同通信がそういうニュースを流すんですよ。まだ逮捕も何もされていないですよ。僕が逮捕されたのは年が明けてからなんですけど、捕まった時は写真も撮られていないのに全然違う人の映像を流して。僕はスーツ姿で警察に行ってるのに、ジャンパーに帽子を被《かぶ》ってる別の人間の映像を流して「石井館長逮捕」って。それも共同通信ですよ。

猪木　大変な経験されてますよね。経験に勝るものなし、経験してないとしゃべれないもんね。俺だって講演中にナイフで首を切られたりしたことはあるんですけど（89年10月14日、福島県会津若松市での講演中、暴漢に襲われた事件）。

石井　それも大変な経験ですよ。

猪木　本当にテレビを観ているとバカになる。昔からくらべれば、ずいぶんテレビもまともになってますけど。昔のスキャンダルの時なんか、こんな嘘《うそ》をよく平気で並べるな、みたいなね（93年の元・公設秘書の告発による一連のスキャンダル。猪木本人は否定）。

石井　僕が逮捕されたことで格闘技界の磁場が狂っちゃいましたよね。保釈で出てこられるんですけど、出てこられないと思ってみんながバーっと勝手に動き出して、それまではひとつでやっていたのにバラバラに分かれちゃった。選手の取り合いも始まって、大晦日はフジテレビ、ＴＢＳ、日本テレビもやるということでゴチャゴチャになった。

猪木　あの時に百瀬さんとは別になったんですけど、さびしさはなかったですよね。ケンカしたわけでもなんでもない。

石井　あの時は百瀬さんの考えというより、周囲の思惑もあったのではないですかね。あの頃の僕は検察や特捜部とやりあっているわけですから、他人の心配をしているような状況ではなくて。まずは自分の心配をしないと。そこは大変でしたよ。

猪木　まあ、そういうスキャンダルなんかの時は、対処法なんか考えている暇はないですよね。その時は必死ですから。

石井　会長が必死になることあるんですか？

猪木　政治家のスキャンダルの時は家の周りに週刊誌のカメラがすごいんですよ。はじめは１週間で終わりかなと思っていたら、２週目、３週目でも終わらず、ついにはテレビも扱い出して。山火事じゃないけど、メラメラと火がついていくわけ。その時に百瀬さんが「おい、外に出ていこうよ」と。こんな時に出ていきたくないなと思ったんだけど、外を歩いていたら「頑張ってください」「負けないでください」と励ましてくれる方がたくさんいてね。そういう一言というのはありがたいって思う。どんなに粋がっても家がカメラに囲まれたり、テレビが叩《たた》けば人間は弱気になってしまう。今思えばいい経験ですよ。またスキャンダルを起こして何かやろうと思うけど、ちょっと今は体力がないからね（笑）。

石井　ああいう時代は振り返れば、みんな楽しいんですけど。人間が自分の人生について決められることって何ひとつないなっていうのが僕の実感ですね。「こうやろう！」と思っても物事はうまく運ばない。逆に言えば、こういうふうになるとは思ってないと、いいこともある。すべてにおいてベストは尽くすんだけれども、結果を求めることはできない。ミルコvs藤田戦もそうだし、ミルコvs桜庭（和志）戦だってそうだし、（アントニオ・ホドリゴ・）ノゲイラvsボブ・サップもそうだったじゃないですか。僕らが思っていた以上の結果になったりする。僕はプロデューサーとして結果がどう転ぼうが気にはしてないんですけどね。会長も全然気にしてないですよね？

猪木　試合が始まっている頃には、次のところに目が向いてるんじゃないですか。いちいち振り向かない。振り向くこともあるけど。仮にスキャンダルが起きれば、そのスキャンダルを消してしまうようなことを考える。

石井　試合が始まっちゃったら、もう興味はないんですよね。

猪木　そこに行くまでですね。

石井　それがプロデューサー、ものごとをつくる人の感覚ですよね。これだけ大変な思いをして試合が実現したんだから、「この試合がああなる、こうなる」と考えてないんですよ。お客さんをたくさん入れて、選手がリングに上がるまでに興味があるんであって。そのあと試合の勝ち負けは極端なことをいえば、どうなってもいい……っていうのはおかしいですかね。会長はよく試合を観ずに帰られますよね。

猪木　わかりますよ。そういう見切りができるかどうか。

いちばん残念だったのは、佐山（聡）なんですよ

格闘技ブームを作り上げた2人の視点から、あの時代の象徴的な格闘家を1人あげてもらった。

石井　1人というのは難しいですね。一番の功労者は猪木会長なんですけど、いったん措《お》かせてもらって（笑）。PRIDEでいえば、一番の功労者は桜庭選手でしょう。桜庭選手がPRIDEでグレイシーと闘ってすごく頑張ったし。プロレスは藤田選手ですよね。

猪木　ズバリ言ってしまえば、誰の名前もあげられないというか……。俺の師匠である力道山の話になっちゃいますが、精神という部分で力道山イズムというのは誰も継いでないんです。全部が違ってしまうというか、どこか甘い。戦後という時代にプロレスが始まって、あの時代にあった怒り、生き抜くエネルギーが力道山にはあった。これからの選手たちも、リングに出ていく時の姿勢というんですかね。お遊びで出ていくんじゃねえんだぞ、場合によっては殺すぞ！　ぐらいの勢いであれば迫力のある試合、お客さんの心を摑《つか》めるような試合ができるかもしれない。そういう意味でいえば、この前、ありがたかったのは

リョート（・マチダ）が訪ねてきたんです。

元・UFC世界ライトヘビー級王者リョート・マチダ。日系ブラジル人2世のリョートは00年頃に猪木に見いだされ来日。新日本やK-1のリングで総合格闘技の経験を積んだ〝猪木の弟子〟のひとりだ。

猪木　久しぶりに会ったリョートがそういうことを言い出したのでビックリしたんです。あいつはデビュー戦で勝つには勝ったんですけど、まあ内容的にはね。それで試合後、俺にビンタを食らったんです。なぜ勝ったのに殴られないといけないのか。リョートはあの時はわからなかったけど、「今はよくわかります」と。リョートがいちばんわかっているのかな。逆にいえば、中にいないからね。

石井　会長は闘魂棒を持って、藤田選手や小川（直也）選手を連れて指導されていた時期がありましたけど、猪木会長の闘魂は伝わってないですよね。

猪木　そうですね。

石井　やっぱり無理なんですよ。それは藤田選手や小川選手に何かが足りないということじゃなくて、その人の持っている資質ってものがあるから。

猪木　俺も力道山から「お前は何もわかってねえな」って言われそうですよ。ダーッハッハッハッ！

石井　僕が教えた人間にしても完璧に受け継ぐ人間はなかなかいないですよ。難しいです。

猪木　やっぱりその人が持っている人生観だったり、生い立ち。それによってこの世界に入って何をしようとしたのか。たとえば小川にしても柔道でオリンピックに出て、プロレスの世界でカネがもらえるよという意識から始まったところはありますよね。小川も息子さんにあれだけ才能があるのに、息子にくっついてるから息子がダメになっちゃった。自分の子供がカワイイのはわかるんだけどね。

いちばん残念だったのは何度も言いますが、佐山（聡）なんですよ。もっと大きく羽ばたけたんだけど、変なオジサンたちがくっついちゃったから。いまさらこんなこと言ってもしょうがない。本人は気づいてないと思いますよ。

石井　やっぱり本人の持っている志の問題。どれだけの志を持っているかによってその人の行動が決まるじゃないですか。だから動機がよくないとダメですよね。それが人の器になってくるということしか言えないんですけど。格闘技のセンスや才能はピカイチであっても、実際それをどこまで伸ばすかは本人の志の問題。僕らは選手じゃないんで、そこは僕らはタッチできない部分です。それは佐竹（雅昭）にも言えるし、アンディ・フグにも言えたし……だから会長が佐山さんをもったいないっていうのはよくわかります。リョート・マチダさんは志が高いのもよくわかります。いつ気づくかの問題ですから。僕もプロモーターとして志が低かったからああいうことになってしまったわけでしょ。今の僕だったらもっと違うことができるんだけども……あの頃の僕には無理です。

猪木　志でいえば、誰かにいきなり誘われて政治に出るヤツっているでしょ。レスラー、格闘家で今回も誰か出たよね？

石井　須藤元気。

猪木　立憲民主党から出ていちばん下で受かった。彼はよくものを書いたりしてるし、よく勉強してるなと思うし、彼はもともと政治を目指してたかもしれませんよ。でも、中には志もなく誘われたから政治に出ますってヤツもいる。大仁田（厚）なんかまずそう。何のために政治家になりたいの？　そこが全然見えてこない。俺にはハッキリとテーマがあって、スポーツ交流による世界平和というね。今はそうじゃなく「民主党から誘われました」で出てくる。レスラーだけじゃありませんけど、ほとんどそんな感じで。

レスラーや格闘家で政治家に向いている……まあ、前田日明は政治家に向いてるんじゃないですかね。うるさいから（笑）。前田みたいにうるさいくらいがちょうどいいかなと。彼が理念を持ってるかどうかはわかりませんよ。そういう話をしたことがないから。でも、口は達者だから、いいんじゃないですかね。

石井　前田さんは絶対に政治家に向いてますよ。ただ確実に失言でトラブルになるだろうけどね。でも、それはそれでいいんじゃないですかね、彼らしくて（笑）。

2人の新しいイベント名は、格闘技オリンピック「プラズマ！」

猪木　なぜ政治家には志が必要か。志なんて持ってて当たり前の話なんですけどね。今は世界的に環境問題が取り上げられていますが、俺なんてずーっと昔から取り組んでいて。世界のゴミ問題をなんとかしないと。プラスチックのゴミが海に浮いている。でも、今はプラズマという機械によってそんなものは一瞬で消えちゃうんです。これ、そのプラズマのパンフレットですよ。

石井　そんな発明があるんですね。

猪木　焼却炉で燃やすのではなく、2万度まで温度を上げると、みんな溶けちゃうんです。もうできているんですね。それと出合えたことで俺も燃えてるというか、正直、体もボロボロだったんだけど、ひとつの夢に向かえる喜びがあるんですね。お金が儲《もう》かるか儲からないかじゃなくて、そういうことにチャレンジできる状況。そういったものがあると、朝起きた時に「よーし、今日も勝負だ！」って思えるんです。夢だってなんだって、歳を取っていくと萎《しぼ》んでいくんでね、そこはありがたいなと思ってやっている。そのプラズマで今度フィリピンで勝負をかけているんですけど。マニー・パッキャオとかあのへんにね。

石井　いいですね。海外に持っていったほうがいいんじゃないですか。

猪木　できているもんですから、あとは実証するだけでどんな結果が出るか。ひとつには猪木ファンにはコアなファンがいて、俺が失敗しようが、何をしようが関係ない。彼らは俺が失敗したらどうやって立ち上がってくるの？　と期待する。ある意味で薄情なファンなんですけどね（笑）。

石井　外に外に向けて仕掛けてらっしゃいますね。会長がかつて言われていた「山手線理論」「環状線理論」ってあったじゃないですか。みんな山手線の内で止まっているんですよね。それ以外の世間をもっと巻き込んで、求心力を強めようとしている人が非常に少ないですよね。

猪木　環状線内のほうが心地いいんじゃないですかね。外に発信してやろうという姿勢や考えなんかは生まれ持ったものですからしょうがない。ただ、自分はプラズマに出合えたんで、本当に生きる力が出てきた。ちょっと前まではもうヨボヨボだったんだけどね(笑)。どうしても猪木というとプロレスだ格闘技だってことで、昨日はなんかＹｏｕＴｕｂｅが来たんですけど、当然プロレスの話でしょう。あの時どうだったんですか？　と。俺、もうそういうのにまったく興味がない。まあそれはそれとして、みなさんはプロレスのファンだからいいとして。

俺の今の夢は、このプラズマを世界に早く伝えたい。ひとつの役割として告知することも大事ですから。そういう意味では、今年はわくわくしているんです。他人から見れば、なぜ猪木がそんなものに……と疑問に思えるかもしれませんが、異種格闘技が大好きなんです。

石井　会長、我々がかつて「Ｄｙｎａｍｉｔｅ！」をやった国立競技場は取り壊されたんですが、新・国立競技場ができましたし、新しい「Ｄｙｎａｍｉｔｅ！」をやりましょう。新しいイベントの名前は決まりましたね。格闘技オリンピック「プラズマ！」。

猪木　ハハハハハハ。ダイナマイトは爆発して飛ぶんだけど、プラズマは消えちゃいますよ。10万人のお客さんの前で、俺がパッと消えるのも面白いかもしれませんね。

対談2

藤波辰爾×長州力

「〝かませ犬〟の直前、猪木さんに『好きにやっていいんですか？』って」（長州）

聞き手●ユリオカ超特Q
構成●堀江ガンツ
撮影●チームフルスイング

藤波辰爾 ふじなみ・たつみ●1953年、大分県生まれ。71年に日本プロレスでデビュー。72年、アントニオ猪木が旗揚げした新日本プロレスに参加。日米を股にかけたジュニアヘビー級戦線でドラゴン旋風を巻き起こしたのち、長州力との「名勝負数え唄」で新日本黄金時代に貢献。IWGPヘビー級王座を6度獲得。99年、新日本の社長に就任。2006年に新日本を退団。現在はドラディションを主宰。息子のLEONAもプロレスデビューを果たしている。

長州 力 ちょうしゅう・りき●1951年、山口県生まれ。専修大学入学後、72年にミュンヘンオリンピック・韓国レスリング代表となる。74年、新日本プロレス入団。80年代に入り、藤波辰爾との「名勝負数え唄」で革命戦士としてブレイク。84年に新日本を離れジャパンプロレスに参加、全日本プロレスに闘いの場を移す。87年、新日本に電撃復帰。現場監督として90年代の黄金期を牽引するも、2002年、再び新日本を退団。19年6月、引退。

1980年代に〝名勝負数え唄〟で、日本中のプロレスファンを熱狂させた藤波辰爾と長州力。

両者の長年にわたるライバル関係は、2019年6月26日に長州が現役を引退したことで終止符が打たれたが、その5カ月後の12月13日、浅草・東洋館にて「〝熱闘〟フルスイングトーク イヤーエンド in 東洋館 藤波辰爾vs長州力」と題したトークイベントで〝再戦〟が実現した。

〝藤波辰爾芸人〟の第一人者、ユリオカ超特Qを司会に展開されたその一戦の模様を、誌上再録してお届けしよう。

引退試合で長州が藤波にドラゴンスクリュー

――お2人でのトークショーっていう形は、これまでありました?

藤波 こういう形ではあったような、なかったような。あったかな?

長州 あったような、なかったような（笑）。

――だとしたら、初めてってことでいいですね（笑）。藤波さんは、今年6月に長州さんの引退試合の相手をされましたけど（長州&越中詩郎&石井智宏vs藤波&武藤敬司&真壁刀義）、あれから5カ月がたち、改めて振り返ってみていかがですか？

藤波 日がたつにつれてどっかでさびしさっていうのかな、もう肌を合わすことができないんだっていうさびしさはありますね。

――藤波さんとしては、まだまだ長州さんと闘いたかった。

藤波　でも、自分の気持ちのなかでは、彼がまだリング上に立ってるんだっていう意識だけは持ち続けるようにはしてますけどね。

――長州さんはあの試合を終えられて、いかがですか？

長州　いやあ、ホッとしてますよ。まあでも、藤波さんはまだできるだろうね。

藤波　でも体調的には（長州が）いちばんいいんだよ。どこもケガしてないし。

長州　いや、俺はのんびりしたいし、好きなことをやりたい（笑）。

藤波　だって、今日だってほら、闘う格好で来てるから（笑）。

――スウェット上下ですもんね。

藤波　道場から駆けつけてきたんじゃないの？

――引退試合で僕らがビックリしたのは、長州さんがドラゴンスクリューを藤波さんに出されたことですよ。

長州　やめるまでに1回やってやろうと思ってね（笑）。

藤波　自分はやるほうだけど、やられてみると反対に逃げようとしたらかえってヒザを壊しちゃうなと思ってね。案外あれは目が回っちゃうね。

長州　だからあれは（武藤）敬司が嫌がるんだよ。

日プロに入って、恐怖でメシが喉を通らなかった

こうして始まったトークイベントは、まず両者の出会いから振り返っていった。

藤波は、70年に日本プロレスに入門して、翌71年5月にデビュー。しかし、デビューか

ら半年あまりが過ぎた71年12月に、師匠であるアントニオ猪木が「会社乗っ取り」の汚名を着せられ日プロを追放されると、藤波もあとを追うように退団。そして72年3月、新日本プロレスに旗揚げから参加した。

一方、長州は73年12月にアマレス全日本王者となり、ミュンヘン五輪出場の金看板を引っさげて74年に新日本入り。これは新日本にとっても初の大型新人入団だった。

――藤波さんは、長州さんが新日本に入ってきて初めてお会いになった時のことって覚えてますか?

藤波　覚えてますよ。新日本で初めての大型新人というか、本格的な新人が入ってくるっていうことで、我々とはもう別モノというか、僕らは別格に見てましたから。だから当時の僕自身の気持ちはライバルっていうよりも別の部分で彼を見てましたね。

――じゃあ、歓迎していた感じですか?

藤波　大歓迎ですね!　のちのち、僕ら2人はやり合うわけだけど、その時は「仲間が増える」っていうことと、新日本の形がだんだんできていくっていううれしさのほうが、これは冗談抜きで大きかったね。

――長州さんは、初めて会った時のことを覚えてますか?

長州　道場で会ったのが初めてじゃないかな。朝練でね。

藤波　そうそう。道場でも一緒に練習やスパーリングをしたりっていうのはなかったね。僕らとは別格だもん。僕は格闘技自体、日本プロレスに入って初めてスタートしたわけだからね。基礎的なものというか、ベースになるレスリングのイロハを知らずに入ってきてるから。彼はそういうのを全部習得して入ってきてるけど。

長州　でも、僕も大変でしたよ。練習が（アマレスとは）まったく違うから。

藤波　だから僕らが大変なのと、彼がプロレスに入って大変だっていう意味が違うんだよね。

長州　体を動かすこと自体がアマレスとはまったく違いますからね。朝起きたら顔が洗えないんだから。腕が曲げられない。

藤波　屈伸運動を何千回とかやってた時代だしね。

長州　筋肉痛で足が動かないから、僕は二子玉川駅の階段を上がれなくて引き返したんですよ。動けないから仕方なく二子玉川園の映画館に入って。

藤波　あの頃、まだ映画館があったね（笑）。

長州　別に映画が観たいわけでもないから、そこで夜まで寝てましたよ。

――オリンピック選手が、そこまで動けなくなるほどの練習だったと。

長州　もう使う筋肉が違いますからね。

藤波　屈伸運動を5000回とか、そりゃあアマチュア・レスリングではやらないよね。俺なんか9000回とか1万回とかやったからね。

――最大で1万回ですか!?

藤波　それ近くやりましたよ。休みの日だって、お金がないからテレビを観ながら屈伸運動やってね。

——休みの日まで！　素晴らしいですね。

長州　だって道場は合宿所のすぐ隣だから、やるヤツは道場に行ってやってるし。

藤波　夜中でも道場に行ってバーベルを上げたりしてたよね。だからよく周りから苦情が来たよね。住宅街だから夜中にガッチャンガッチャンやったらね（笑）。

——長州さんは、当時の藤波さんにはどんな印象がありますか？

長州　最初に道場で会った時から、もう体も身体能力も他の選手とは全然違ってましたよ。もう見たらだいたいわかるんですよ。そんなに大きくはなかったんだけど、ただ体を見た時に「うわー、これはすごいな！」って。別に（ボディ）ビルダーの選手でもないだろうに、体がすごくできあがってるんですよね。まだちょっと細いんだけど、無駄な肉がいっさいなかったですね。

藤波　僕は太れるほうじゃなかったから、メシが食えなかったのよ。だから山本小鉄さんに巡業中でも「1升食え！」って言われるんだけど、そんなに量は食べられないから太れる体質じゃなくてね。僕もプロレス入りする前、中学で陸上をやってた頃はドンブリ飯を3、4杯食べてたんだけど、プロレスに入った途端に食えなくなった。これは恐怖でメシが喉を通らなかったんだよ。当時の日本プロレスは、馬場さんがいるわ、猪木さんがいるわ、身長190センチあたりの人がゴロゴロいるわけですよ。タイガー戸口さんにしろ、（サムソン・）クツワダさんにしろデカい人がいっぱいいてね。その恐怖で急にメシが食えなくなって、それがしばらく続いたね。

長州　たしかに昭和のレスラーって、なんか体型にインパクトがありますよね。小鉄さんみたいに身長がデカくない人でも、大腿筋《だいたいきん》とふくらはぎを見たときに、「うわっ！」と思いましたから。

藤波 小鉄さんはすごかったね。あの太ももといい、胸筋といい、腕の太さといい。身長はないんだけど。

長州 小鉄さんは、ユリオカくんと同じくらいじゃないの？

——あっ、ホントですか？ 長州さん、僕の頭を見て言ってませんか？（笑）。

長州 それと星野勘太郎さんもすごかった。ヤマハブラザーズってよくつけたもんだなって思ったよ。

藤波 体をデカくすることはしょっちゅうやってたね。もちろんプロレスをやることが当たり前なんだけど、我々はプロとしてお客さんにお金を払って見てもらってるんだから、お金が取れる体をつくれって言われたね。

体が壊れそうになると選手はメキシコに行く

鳴り物入りで新日本に入門した長州だったが、プロレスラーとしてはなかなか芽が出なかった。スターへの登竜門である海外遠征も74年と79年に二度行ったものの、どちらも凱《がい》旋《せん》帰国からトップレスラーの仲間入りをするには至らず、長年、中堅で燻《くすぶ》っていた。

一方で藤波は、ドイツ、メキシコ、アメリカ遠征を経て、78年1月23日、ニューヨークのマディソン・スクエア・ガーデンで、カルロス・ホセ・エストラーダを新技ドラゴンスープレックスホールドで破り、ＷＷＷＦジュニアヘビー級王者を奪取。帰国後、ジュニアヘビー級の第一人者としてドラゴンブームを巻き起こした。

あまりにも差が開いた両者の立場。長州は82年4月、不退転の決意でメキシコに3度目の海外修業へと旅立った。

――長州さんは「かませ犬発言」の前にメキシコに行かれていますけど。メキシコ遠征での心境的な変化はあったんですか？

長州　あれは逃げたの。当時はでっかい外国人ばかりだったから、もう体が壊れると思って。だから体が壊れそうになると選手はみんなメキシコに行ったよ。やっぱり泣きつきましたよね。

――それを誰に話すんですか？

長州　小鉄さんに言ったのかな。

藤波　あの頃は馬場さんとNWAの関係があったから、全日本のほうがアメリカとの結びつきが強かったんだよ。新日本はアメリカでは強くなかったから、選手もメキシコやカナダ、ヨーロッパに行く人が多かったけど、本来であれば長州は、アメリカに行ってたらもっと変わっていただろうね。

長州　それはお世辞ですよ（笑）。僕はもう（海外遠征）3回失敗してますから。最初はドイツに行ったんだけど、何のプラスにもならなかった。

――プロレスラーとしての大きな成長には繋がらなかった？

長州　全然。ヨーロッパから新日本に来る選手は多かったですけどね。でも、こちらから向こうに行って学ぶものは何もないですよね。

藤波 彼はアマチュアでしっかりとしたベースがあるわけだからね。それとは違った意味のプロレスを覚えたかったんだろうけど、ヨーロッパだと違ったのかもしれないね。

長州 だから何回か（凱旋帰国に）失敗してるんですよ。失敗しても試合はしなきゃいけない。また、その頃の新日本の外国人選手、どれだけみんなデカかったか。俺なんかはね、常に（猪木）会長のパートナーだったからね。そりゃもう体がガタガタですよ。もう（タッチする）手を出したくなかったもんね。会長が出て、僕がコーナーでへたばってたら、もうすぐに来ますから。

――またすぐにタッチが来ちゃう（笑）。

長州 まあでも、学びましたね。やっぱり会長はすごい人ですよね。

イケイケの長州ファンと、それに耐えてる藤波ファン

長州は82年10月にメキシコより帰国。10月8日「闘魂シリーズ」開幕戦の後楽園ホールで、猪木、藤波と組み、アブドーラ・ザ・ブッチャー、バッドニュース・アレン、S・D・ジョーンズと対戦。

この試合中、藤波との不和をあらわにし、勝負そっちのけで大乱闘を繰り広げた。そして試合後、いわゆる〝かませ犬発言〟で、藤波に宣戦布告した。

――藤波さんはあの瞬間っていうのはいかがでしたか？

長州　藤波さんはやっぱりビックリしたでしょうね。「何が起きたんだ⁉」って。

藤波　僕はわりと鈍感なほうだから、しばらく何が起こってるかわからなくてね（笑）。雲行きがおかしいなっていう感じで。でも、そこからやり合っているうちにね、自分はジュニアからヘビー級に転向してまだ思うような試合ができていないなか、新たな選手が出てくると、どうしても意識するじゃないですか。自分の座が脅かされるようなね。だから、感情的になったよね。

長州　まあ、いちばんすごいのは会長ですよ。よく見てますよね。「ホントに好きにやっていいんですか？」って聞きましたもん。

藤波　（長州は）絶対に誰かからけしかけられたんだろうね。

――今、その〝誰か〟の名前を、長州さんがほとんど言ってましたけどね（笑）。

藤波　やっぱりそうだったんだ（笑）。

長州　会長は僕だけを見てたわけじゃないんでしょうけど、やっぱり海外に出してもらって戻ってきて、会長の考えてるようにはなってないなっていうのがあった。そうなると（猪木会長は）やっぱり攻めますよね。

藤波　彼が持ってるものをリング上で出し切れてないっていうイライラ感をどっかで猪木さんは見てたんでしょうね。

長州　アレがなかったらホントに、帰ってきてただ試合をしてどうなっていたのか。アレがあったからこそ、僕は好きなことをさせてもらって、こうやって最後までできてリングを降りることができてよかったなと思ってますね。

――当時はみんな藤波派、長州派に分かれて応援してましたからね。

藤波　僕らがリング上でやり合ってる時、会場のあっちこっちでも取っ組み合いをやってたみたいだからね。イケイケの長州ファンと、それに耐えてる藤波ファンみたいな（笑）。

――藤波派は、ファンまでが受けの美学（笑）。

藤波　申し訳ないことをしたなと思うよ（笑）。

長州　まあ、時代の後押しっていうのはその頃ありましたよね。

藤波　僕は彼との闘いのなかで、格闘技の大事なものが培われたというのがあるね。僕には格闘技のベースがないけど、彼はアマチュアでしっかりやってきたっていうのがある。そんな彼とやり合えたっていうのは、若い頃にドイツに行ったあと、フロリダのカール・ゴッチと会って、初めてレスリングのイロハを学ぶことができたから。それがなかったら、彼とあそこまでできなかったと思う。ゴッチは朝起きてから寝るまでずっとレスリングだったから。

「長州はいつかまた新日本に戻ってくる」って

藤波と長州の抗争は、『ワールドプロレスリング』実況の古舘伊知郎アナウンサーに〝名勝負数え唄〟と名付けられ大ブレイク。回を重ねるごとに試合はヒートアップし、各地で超満員を記録。プロレスブームを牽引した。

しかし84年9月に長州は、維新軍のメンバーらとともに新日本を離脱。新団体ジャパンプロレスに移籍し、戦場を全日本プロレスへと移した。こうして長州と藤波は、一時、別々の道を歩むこととなる。

長州　よく全日本スタイル、新日本スタイルって言われてくらべられてましたけど、それはあくまでファンの見方であって、我々はプロだから、そういうのは関係なく契約に沿って行った（移籍した）ということですよ。きれいな形で移籍できなかった部分もあるけど、それなりって言っちゃいけないんですかね、契約に沿った形では動いてましたよ。たぶん自分の価値観の中に「アマチュアじゃないから」っていう（気持ちがあった）。

だから正直言って、（移籍するのは）俺1人でもいいよと。俺はこういう考えだからっていうものが自分の中にあるし。でも動こうとするとやっぱりついてくる人間もいるし。「お前が来たら足手まといだから」って言うわけにはならないし。まあ、それがいろいろな問題をそのあとから起こしていくんだけど、自分はつくったものは自分で責任を持って後始末をして、「何かお前たちに迷惑をかけてる？」って。（迷惑がかかった人間がいるなら）一人ひとり名乗り出てほしいよね。みんな助かったはずだと思う。

――藤波さんはその時、新日本を守る立場にいたわけですが、そういった長州さんの行動をどんな感じで見られてましたか？

藤波　彼が全日本に行った時、たしかに新日本には危機感がありましたよ。だから「意地でも守る」っていうのがね。ただ、これは僕だけの気持ちなのかもしれないけど、自分自身の中で焦りはなかった。なぜなら、これは今だから言えることだけど、「長州はいつかまた新日本に戻ってくる」っていうのが頭のどっかにあったんだよね。全日本にいたら、彼のイライラ感が出て長続きしないだろうなって。これは僕の勘。そのイライラがどっかで爆発するだろうなって。

長州 それはねえ……。

藤波 当たってるでしょ?

長州 間違ってないです(笑)。

——よかった(笑)。でも、長州さんは全日本で馬場さんやジャンボ鶴田さんと対戦して、藤波さんはそれが叶《かな》わなかった部分がありますよね?

藤波 そういう意味では、一度でも闘ったらどうなってたのかなとか、考えますよね。

長州 でも、僕はお手合わせしてるじゃないですか。これは今日彼のそばにいるから言うわけじゃないですけど、お世辞でもなんでもなく、プロレスのリングの中で動いてる、リングの上で藤波辰爾を見せてる部分では、たぶん一番ですよ。なんていうのかな、プロレスの申し子というか、ホントにプロレスが好きなんだなって。

その頃は、「この人はいつまでプロレスをやるんだろう?」「最後の終わり方ってどういう終わり方をする人なんだろう?」っていうのは、口に出しては言わないけど、今でも感じてますよ。どういう終わり方をするのかなって。

藤波 たしかにプロレスは大好きだし、いまだに自分の終焉《しゅうえん》がどうなるとかそれもまだ考えたこともないしね。僕は来年で、この業界に入って50年になるんですよね。

長州 すごいね、50年っていうのは。

藤波 自分の中ではリングがいちばん落ち着く場所なんだろうね。

──一度も引退せずに50年ですからね。まあ、藤波さんはちょっと引退させられそうな時期もありましたけどね（場内笑い）。

藤波　させられそうになっただけ（笑）。

長州　なんで？

──なんでって、長州さん聞かないでくださいよ（笑）。知りません？　藤波さんが新日本の社長時代、引退カウントダウンをやってたんですよ。僕ら藤波ファンはそれを阻止しようと、後楽園ホール前で寒いなか、「藤波さんの引退に反対する署名お願いします！」って署名運動してたら、藤波さん本人が来て、「署名頑張ってね」って言われたんです。藤波さん自身が撤回してくれたらすぐ解決するのに。「これはどういうことだろう？」と思って（笑）。

藤波　意味わかってなかったんだね（笑）。

今の選手は坂口さんと闘ってないから幸せ

藤波の予想したとおり、長州は87年春に全日本を離れ、古巣の新日本にカムバック。同年6月、藤波、前田日明らに決起を促したうえで猪木へ世代交代を迫り、新旧世代闘争が勃発するが、わずか4カ月で頓挫してしまう。

新日本に停滞ムードが漂うなか、88年4月に藤波は、現状を打破するために猪木にメインイベンター交代を迫る〝飛龍革命〟をぶちあげる。そして同年8月8日、王者・藤波辰爾vs挑戦者・アントニオ猪木のIWGPヘビー級タイトルマッチが行われ、激闘の末、60

分フルタイムの名勝負となった。

――88年8・8横浜で行われた藤波さんと猪木さんの60分フルタイムの一戦は、長州さんも当然観られてますよね。

長州　俺は（試合後に）会長を肩車しましたよね。

――最高の名シーンですよ。

藤波　あの時の光景が今でも自然と目に浮かぶね。

長州　僕自身、やっぱり試合に没頭して、自然にね（肩車をした）。

藤波　そのあと、越中（詩郎）が上がってきて僕を肩車して。

長州　よかったですねえ。

――藤波さんが60分フルタイム闘ったのは、あの試合だけですか？

藤波　僕はメキシコで1回だけ60分をやってる。レイ・メンドーサとね。あれはキツかった。

――メキシコは高地だから空気も薄いわけですよね。

藤波　それもアメリカからメキシコに入って間もない頃だから、あの時はもう死ぬかと思ったね。

――長州さんの60分フルタイムは、鶴田さんとの試合（85年11月4日、大阪城ホール）だけですか？

長州　そうですね。

――じゃあ、その経験を踏まえて、猪木vs藤波戦をご覧になられたと。

長州　僕は別に60分やったからどうのこうのっていうよりは、やっぱり白黒ついたほうがいいですね。だから60分というのは、最後に何が残ってるのか。疲れでしかないですね、ホントに。

――そう言われると身も蓋もないんですけどね（笑）。

藤波　あの日は8月8日で夏のいちばん暑い時だから、横浜文化体育館はクーラーもないし、お客さんは大変だっただろうね。僕も試合しながら、キツさと苦しさ暑さがあったんだけど、30分、40分って過ぎていったら反対に心地よいっていうのか。これは言い方がちょっと変なのかもしれないけど、やっぱり猪木さんを独り占めできるわけでしょ。このまま ずっと続いてほしいなっていうのはあったね。

長州　だから俺も終わったあと、リングに上がったのかな。やっぱりうらやましさっていうのがあるのかもわからないね。

藤波　僕があの時、34歳で、猪木さんはちょうど10歳上だから44歳でしょ？　しかも、あの時はずっとシリーズに出ているわけでなく単発だったのに、ああいう試合ができるわけだから。改めて猪木さんのすごさを感じたね。汚い話だけど、僕はあの横浜の試合のあと、脱水症状で1日半ぐらいオシッコが出なかったから。それぐらいの試合でしたよ。

長州　他に誰とやってしんどかった？

藤波　誰かなあ……。

長州　僕はすぐに出ますよ、坂口（征二）さん。こればっかりはもう。

藤波 サイズが違うしね。今の選手は坂口さんと闘ってないから幸せですよ（笑）。

長州 もう二度とやりたくないって毎回思いますね。

藤波 やっぱり格闘技はデカい者が強いよね。上からのしかかってくる部分と、下から支えなきゃいけない部分と、足を持っても足の重さで疲れちゃうもん（笑）。

長州 もうやめてくれよっていうくらいだよ、ホントに（笑）。坂口さんの足腰は強いですよ。リングの中に根が張ってるみたいに。

――大きい選手というと、長州さんはアンドレ・ザ・ジャイアントとも闘ってますよね。

長州 アンドレは意外とスムーズさがありますよね。ただ、デコピンをやられたらリングサイドまで落ちますよ（自分で大笑い）。

――長州さん、リング上でアンドレがデコピンをしてるところを見たことがないですけど（笑）。

藤波 実際にあのデカさはリング上で向かい合ってみないとわからないね。だからアンドレとの試合は「勝とう」とかじゃなくて、無事にリングを降りることができるかどうか。これは今だから言えるけどね（笑）。

長州 まったく同じ！

藤波 一発殴られただけで胸に彼の手の跡がついてましたからね。それが顔面にチョップなんて入れられたらね。

長州 そりゃもう……。

――なんか2人だけですごく通じ合っていらっしゃいますけど（笑）。

長州　背が高い選手は他にもいるけど、あれだけ横幅もあるのはいないですね。冬にアンドレが外を歩いてたらすぐにわかります。吹雪を受けると見えない。

――ちょっと待ってください。北海道遠征に行ってアンドレが歩いてたら、後ろで雪よけしてるんですか？（笑）。

藤波　アンドレはその時、前ボタンを外して風を切って歩いてましたからね。

――冬でもアロハで？

長州　もうすぐにわかる。「あっ、アンドレだ！」って。

――いや、それぐらいはわかりますけど（笑）。

長州　アンドレが札幌に好きなお寿司屋さんがあって、普段は10人くらい入れる店なんだけど、アンドレが来ると貸切になる。そこに僕は1回だけついていったことがあるんだけど、アンドレは太巻きが好きなんですよ。で、その時だけ大将と他に職人が2人追加されて、アンドレ用の太巻きは3人がかりで巻いてるんですよ（笑）。

――3人がかりで？

長州　そう、太さはどれくらいあると思います？　消火器ぐらいあるんだよ（笑）。

――消火器って！（笑）。

長州　アンドレは、それを3口くらいで食っちゃいましたよ。

――もはやネタなのかどうなのかわかりません（笑）。

長州　昔は野外の試合が多くて、リング上のライトに虫がいっぱい飛んでくるんですよ。それでメインかセミにアンドレが出てくると、アンドレの頭の上にミツバチがいっぱい回ってるんだよ。

――ミツバチがアンドレの頭の上に？

長州　それがアンドレの頭に止まって、中に潜ったんだよ。

――巣だと思って（笑）。

長州　養蜂ですから、ホントに。

――しっかりした漫談になってますよ、これ。長州さんのアンドレ漫談（笑）。

長州　それぐらいアンドレっていうのはすごかったんですよ。

――それはプロレス関係ないじゃないですか（笑）。

長州　あと、アンドレが普通の人よりも歯が多いのは間違いない。

――長州さん、宮古島でご一緒させてもらった時も、アンドレの話ばかりされてたんですよ。「俺はプロレスの話はしない。アンドレの話はする」って（笑）。

長州　アンドレと試合をやった選手って、もう僕と藤波さんくらいしかいないでしょ。比較するものがないですからね。

――他に外国人選手で印象に残っているレスラーというと誰になりますか？

藤波　あの当時はレスラーらしい選手がいろいろいましたよね。僕個人でやってていい汗をかいたっていうのは、（ディック・）マードックとかね。今の選手がやったらホントいい勉強になっただろうなってね。彼は試合巧者というか、マットをフルに使ってのレスリングができてましたからね。

――長州さんはどなたかおられますか？

長州 僕はね、「あっ、コイツはヤバい」っていうのは、（ウィレム・）ルスカ。あれは強かった。試合はそんなにうまくないんですけどね。

――プロレスラーとしては成功しませんでしたよね。

長州 ただ怖さは、「ダメだ。コイツはヤバい」って思う。

――長州さんですらそうなんですか。

長州 要するに、投げが速すぎて受身が取れない。

藤波 彼とは道場でも一緒に練習しましたけど、彼の投げは本物だから、我々の投げとは高さも速さも違うしね。

長州 受身が取れないっていうのは最悪ですよね。

藤波 本来、オリンピック選手っていうのはああいうものなんだろうけどね。

長州 人を殺《あや》めろって言えば、ルスカなら簡単にやるんじゃないの？

藤波 ルスカとローラン・ボックをくらべると、どう？

長州 どっちもやってるけど、やっぱりルスカですね。

藤波 やっぱりルスカか。ボックもすごかったけどね。こんな腕をしてね。

（ここで残り10分のアナウンス）

長州 じゃあ、そろそろアンドレの話をしようか？（笑）。

――またアンドレですか！　あと10分しかないのに（笑）。

試合会場で歯を見せるなんて誰もいなかった

そしてトークイベントはラスト10分。話は再び飛龍革命へ移り、最後は藤波、長州両者にとっての〝猪木論〟が展開された。

――88年に飛龍革命が起きた時、沖縄の奥武山体育館で藤波さんが猪木さんに直訴するシーンがありましたけど、長州さんは映像とかで観られたことはあるんですか？

長州　俺は（そこに）いましたね。藤波さんが引っ叩《ぱた》かれて、引っ叩き返したっていう。アレはその場で見てるんじゃないかな。

――えっ!?　さすがに同じ控室の中にはいないんじゃないですか？

長州　いや、俺は見てたような気がするな。

藤波　僕の記憶ではね、坂口さんと木村健悟が、「何が起きたんだ!?」って感じで見てたよね。

長州　俺も殴り返して、会長がちょっとフラついたのを見たことがあるよ。

――それは映像で観られたってことなんじゃないですか？

長州　俺は選手としてそこにいたんだよ。

――だとしたらものすごい歴史的事実が加わってきますよ。あそこのカメラ側のほうで見てたら（笑）。

長州　よくやったな、殴り返したなってのを覚えてるよ。

――リング上ではない場で張り返したのは、藤波さんをよく知ってるだけにありえないと？

長州　瞬間だよ。殴られたあとに返すわけだよ。もうパパンとやって、お互いに同時で殴ってるような感じで。やっぱり、何か思うところがあったんじゃないですかね（笑）。

藤波　自分も気がついたら手が出てましたね。

長州　あの時、会長はよろけてたよ。たぶんまさか殴り返してこないだろうって本人は思ってるから（笑）。

藤波　社長を殴ってるんだからね（笑）。

長州　昔、地方で試合前のトレーニングをしてる時、シリーズ後半でみんなへばってたら、会長が控室から血相変えて出てきて。「お前ら、何をやってるんだー！」って怒鳴ったあと、「テメー、こっち来い！」って藤波さんをつかまえて、プッシュアップの棒でガーンって殴ったことがあったね（笑）。

藤波　あの時、たまたま俺が控室のいちばん近くにいたんだよ（笑）。運が悪いんだよね。それで「来い！」って言われて、腕立て伏せの木の板の棒でバカーンと殴られたら、頭から血が流れてきてね。

長州　見事に割れましたね（笑）。

藤波　試合前から血だらけなんだから。

長州　そのアレがあって、沖縄の時もパパーンと殴り返したんだよ（笑）。

――プッシュアップバーの恨みが瞬間的に（笑）。

長州　あの時にもやってりゃよかったのに。ホントに恐るべしですよ（笑）。

藤波　2年前だったかな、猪木さんと食事する機会があって。その時にその話をしたら、猪木さんがニヤッと笑っててね、「そんなことあったっけ?」って誤魔化してましたけどね。

――絶対に覚えてますよね（笑）。

藤波　でも、当時はそれぐらい猪木さんの目が厳しかったね。すごく怖かったし、試合会場で歯を見せるなんて誰もいなかったね。

長州　それは間違いなくありますね。

藤波　猪木さんの場合、控室から一歩踏み出した瞬間、もう試合が始まってるっていう意識があったから。

長州　僕も自分なりに「そうじゃなきゃいけない」ということを学びましたよね。セコンドについていても、やっぱり猪木さんのあの目と苦しい顔、攻めてる時の顔っていうのは、「闘魂」とよくぞ名づけたと思いますよ。

藤波　ちょっとでもダラけた試合をしていたら、猪木さんが控室から竹刀を持って飛び出してきて、試合中のリング上で選手を殴りましたからね。お客さんからしたら、「何が起こったの?」って（笑）。

長州　そういう会長の姿勢という部分では、自分もこれから藤波さんと試合をやっていく時、すごいものを教えてもらったなと思いましたね。あの人はああだこうだ教えないんですよ。でも、試合を見ていればわかる。やっぱり昔は、会長が苦しんでる顔を見たらリングサイドで笑ってた客ももうマジな顔になって、「いけー!」とかね。お客のほうもすごかったですよ。

――お客さんが試合に入れ込んでいるのがわかるわけですね。

藤波　自分たちがやっているプロレスの世界だけじゃなく、その周りにある世間の目も猪木さんは常に意識していたから。だからこそ自分たちがやってることに対してはものすごく厳しかったね。

長州　ああ、それはもうまったく同感ですね。

（トークバトル終了のゴングが鳴る）

――ああ、ここで60分フルタイムでございます。

長州　俺の勝ち？（笑）。

――判定があれば長州さんの勝ちかもしれないですね。沖縄の飛龍革命を生で見ていたという、すごい新情報を出してくれましたから。プロレスの歴史がまたひとつ変わった。ありがとうございました。

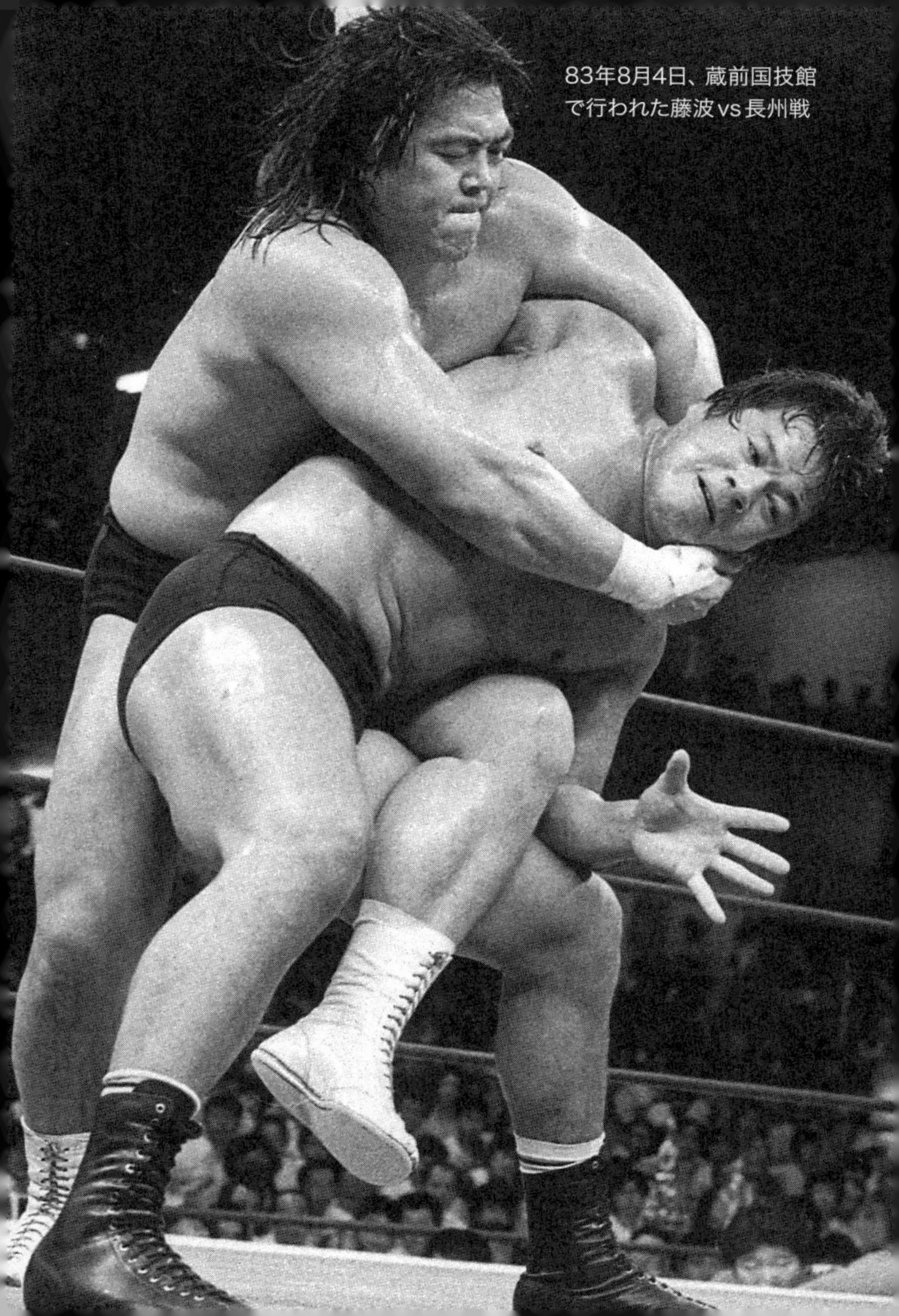

83年8月4日、蔵前国技館
で行われた藤波vs長州戦

「馬場さんが亡くなってから出て行ったヤツは、卑怯だなって」(天龍)

対談3

天龍源一郎×川田利明

取材・文●丸井乙生

川田利明 かわだ・としあき●1963年、栃木県生まれ。足利工業大付高レスリング部時代はインターハイ準優勝、国体優勝など活躍。82年、全日本プロレス入り。88年の「天龍同盟」入り以降、頭角を現す。90年代に入ると、激しい技の応酬で「四天王プロレス」時代を築いた。2000年の三沢光晴らの大量離脱後も全日本に残留。05年、全日本との契約を解除し、ノア、新日本、ハッスルなど各団体に参戦。現在は、ラーメン店「麺ジャラスK」を経営。

天龍源一郎 てんりゅう・げんいちろう●1950年、福井県生まれ。大相撲を経て、76年に全日本プロレスに入団。87年「龍原砲」結成。その後「天龍同盟」を結成し一大ブームを起こすも、90年にSWSへ移籍。92年、WARを設立後は新日本プロレスに参戦。98年にフリー。2010年から天龍プロジェクトで活動。三冠ヘビー級王座、IWGPヘビー級王座に輝き、日本人で唯一BI砲からピンフォール勝ちを収めたレスラー。15年11月15日、両国国技館で引退。

全日本プロレスを代表する名レスラーである天龍源一郎と川田利明。2人の人生は全日本マットで二度交差したが、川田が2009年の三沢光晴急逝を境に、10年春以降はラーメン店「麺ジャラスK」の経営に専念した。そして天龍は15年に引退し、リング上で2人が交わることはなくなった。

全日本は過去、二度の大激震に見舞われている。一度目は天龍らがSWSへ移籍した1990年。二度目はNOAH勢の大量離脱による00年だ。二度とも彼らを見送った川田。一度目は自ら移籍しながらも二度目の大量離脱後に古巣に電撃復帰した天龍。そんな2人に全日本を襲った二度の激震を振り返ってもらった——。

川田選手の「みちのくひとり旅」はうまかった（笑）

天龍　いちばん最初に川田選手を意識したのは、いつも前座で百田光雄選手と試合をやってて、俺が馬場さんに意見した時だった。彼が一生懸命やっている姿を見て「三沢の後輩で、アマレスの基礎もあるのに、なんでいつも第1試合でしか使わないんだろう」と不思議に思っていたから、馬場さんに聞いたんだよ。「なんで川田選手を上で使わないんですか」「いや、もうちょっと。体が小さいだろ。やっぱり上のほうに出るには、もうちょっと体が大きくないとお客が信用しないだろう」とか、そんなニュアンス。全日本ってそうなのかなと思って聞いていた。

川田　僕が天龍さんに初めてお会いした場所は全日本の合宿所。天龍さんが練習しに来て、初めてそこで挨拶しました。普通に会話したときは18歳の頃になって、福岡かな。天龍さんがたまたま誕生日の日に「メシ行くか」って連れてってくれたことは覚えてるんですよね。

天龍　誕生日のことが耳に入ったと思うんだよね。

川田　その席でカラオケを歌いました。「みちのくひとり旅」を。

天龍　ああ！　あれ、うまかったな、ホントに（笑）。川田くんを見ると「あれ歌ってくれよ」って言って、最後には「もういいです」って嫌がられたよ（笑）。最初に聴いてうまいなと思った覚えがあるんだよ。そうそう。

川田選手は器用でね。あの頃は結構、いろんなことやってたよね。やってたんだけど、いつも4試合よりも前のほうで使われていた。

川田　あんまりやるなと言われたんで。「タイガーマスクを超えちゃうようなことをやるんじゃない」って。でも、なんでもできたってことは、器用貧乏だったんだなって今にして思っています。

天龍　みんな最初は、自分のスタイルを模索してたと思うよ。それがあって、真似から入ってだんだん確立していくもんだよ。

川田　自分は迷った末に、何もしなくなったら受け入れられるようになった。要するになるべく技は使わない、蹴ったり殴ったりだけとか、飛んだり跳ねたりしない。「不器用」を演じるようになってから、だんだん覚えてもらえました。

待遇のよかったジャパン勢にジェラシー

天龍は76年に大相撲からプロレス入りし、日米を往復しながら80年代序盤にはすでに頭角を現していた。一方、川田は82年に入団し、なかなか芽が出ない日々を送っていた。そんな時期だった84年、全日本にジャパンプロレスという黒船が到来した。長州力をはじめとする新日本プロレス出身者とは水と油の部分もありつつ、マヨネーズのように融合した部分もあったという。天龍の記憶に残る、当時の全日本マットの名勝負は85年11月4日、大阪城ホールで行われたジャンボ鶴田vs長州の60分1本勝負だった。

天龍　あれはジャパンプロレスの興行だったんです。だから、観に来たお客さんに「いい試合だった」「面白かった」って言わせたいという主催者側である長州の意図があったと思う。俺はその時に初めて長州のラリアット以外の、ドロップキックとかの技を目の当りにして。「必死になって試合を盛り上げようとしてもがいてんだな」っていうのが第一印象。対して、ジャンボは「長州ごとき」って闘い方をしていた。俺はあの時セコンドについてリングサイドで観ていた。終わったあとに、全日本の選手たちが「いやあ、鶴田さんよかったですよ」って言ってた。でも、俺は長州のほうが好きだったんだよね。なんでか知らないけれど、自分の興行だから一生懸命試合をやっている長州の姿勢のほうが好きだと思った。

それをいなすような態度をとってるジャンボに、セコンドで観ながら同じ全日本だけど「なんか嫌だな」っていう印象を抱いたのは覚えています。

川田　向こうの興行だったって今知りました。全日本の興行だと思っていた。あんまりそんな記憶がないっていうか、俺は雑用がありすぎて……。今改めてジャパンプロレスの興行だったと聞くと、天龍さんが言ってることもわかる。

天龍　彼らが来て刺激的だったよ。今まで全日本では「アン・ドゥ・トゥロワ」というか、「1、2、3」のプロレス。ドリー（・ファンクJr.）とか馬場さんのやってることがプロレスで、最後の終結に向かって技をずっと積み重ねていくものだと思ってた。それが長州たちが来て「1から5」になったり、一気に「1から10」になったり。途中を省略したような、思いのたけをそのままリングで表すっていうプロレスを目の当たりにした。それをお客さんも喜んでるってのが不思議だったね。1からじゃなくて急に10のフィニッシュホールドのプロレスを観て、すごく刺激的だったんですよ。「俺たちにもできるんじゃないかな」っていう希望も持たせてくれたよ。

川田　1にもならないうちに終わっちゃうこともあるんですよね。

天龍　そう、ホントだよ（笑）。それまでのまったりとした会場の雰囲気が本当のエンターテインメントのように変わったよ。毎日盛り上がって楽しかったよ。「これがプロレス会場だよな」っていう、俺が知ってたアメリカの会場のような雰囲気を味わわせてもらえたよ。

川田　新日本から来た人は「育ちの違い」がありますよね。何から何まで違うから。試合、練習の仕方から私生活まで違うし、試合以外のことで言えば、メインイベントが終わったら裸でそのままタイツでホテルに帰っちゃうんだから。

天龍　よく新日本で昔から言われてたことは「リングの中でチャンスがあれば潰せ」と。ずっと山本小鉄さんから教わってたとあとで聞いたけど、そういうことがずっと言い伝えられてきたんだと思う。馬場さんが言っていた「相手がいてこそのプロレスだろう」「試合が終わったらノーサイド」との違いでしょうね。俺が後年、相手の顔面を蹴ってた（サッカーボールキック）ことを、馬場さんは「あんな、みっともないことするな」って言ってたらしいよ（笑）。ジャパンが来てから敵と味方の色分けを濃くされたもんだから、妙にそういうことを意識するようになったのは覚えてますよ。

川田　でも、ジャパン勢の待遇がよかったんでジェラシーはありました。だから、若いのに馬場さんにクレームつけたこともありました。自分から言いに行きました。いや、内容はハッキリ言えるもんじゃないんだけど……。

天龍　馬場さんはいないんだから、言っても誰も文句言わないよ（笑）。

川田　全日本で下から頑張ってきた人間が、ひょいっと来た人間とくらべてこんな扱いでいいのかって。馬場さんにしてみたら、気分よくないでしょうね。付き人をやってるような人間に言われるんですから、たぶんビックリしたと思いますよ。馬場さんはそういう時に何か言う人ではなかったから、黙っていました。俺に言われたってことで、よそで愚痴は言ってたと思います。馬場さんのことだから。

天龍　フフッ（笑）。

行くところがないから天龍同盟に

天龍は87年6月4日に盟友の阿修羅・原とともに「龍原砲」を結成し、のちに「天龍同盟」に発展させた。87年に海外遠征から帰国した川田も加入し、2人は同じ時を過ごすことになった。加入の経緯から、「フットルース」の派手なタイツ、そしてブレーク前の川田の思いをひも解いた。

天龍　その頃、仙台で俺が試合をやっている時、カブキさんの毒霧で戦闘不能になって、やられっぱなしだったところに、川田選手が助けに入っちゃったのよ。そんなことをしたから、川田選手は控室に戻ったらカブキさんに袋叩きにあって、放り出された。行くところがなくて、俺たちの控室に来たんだよ。「とりあえず全日本へ謝りに行け」って言ったら、また追い出されて帰ってきた。行くところがないからそれで天龍同盟に、っていうのが正直なところ。

川田　俺は外国行こうが何をしようが、日の当たるところになんにもたどりつけなかった。だから、ここで何を言われようがリングに出てって、ちょっと目立つしかないかなと思ったんだよね。

天龍　あの頃、冬木（弘道）が海外へ行って、戻ってきた時に大変なことがあったね。馬場さんはあの頃、下の人たちに対する厳しいものがあったよな、やたらと。

川田　馬場さんは海外に行かせた選手には、「デカくなってこいよ」でしたよね。絞って帰ってきたら「やせすぎだ」って厳しく言われた。

天龍　そういうことが下の人たちには常について回っていたよ。みんな振り回されたって感じだった。人員が余ると海外に行かされたってのが本当だと思うよ。
川田　フットルースの衣装は……俺はあんまりやりたくなかったけど、天龍さんが「お前ら、若いうちしか派手なものを着られないんだから、もっと派手なのにしろ」って言うから。タイツ屋さんに「派手なのをお願いします」って。少しでも目立てばと。どんなことをしてでも、名前を覚えてもらいたいという時期だった。
天龍　コスチュームを変えるのはなかなか勇気がいって、嫌だと思うよ。なかなかできそうでできない。ドリーからもらったブルーのトランクスとか、派手なことが俺はできなかったからね。派手で目立つようにしてほしい、目立ってナンボだっていう気持ちを常に俺は持ってたよ。
川田　毎日試合で使ってもらってるってことは、天龍さんの気に入るようにやらなきゃとは思ってるんだけど、うまくいかなくて。それに対して、天龍さんが何か言ってくれるわけではないから、もっとツラいんですよ。控室に帰って天龍さんの機嫌が悪いってことは、「自分で考えろ」ってことなんですよ。それがキツかったですね。でも、後輩と組むようになった時に、天龍さんのそういう昔の気持ちがすごくわかるようになって。
天龍　プロレスは自分でわかったほうが、理解ができるんです。やることもなすことも。お客さんが観てて説得力があるっていうことだと思うんだよね。真似ごと、嫌々やってるとなかなかできないよ。コスチュームと一緒だよ。あの頃ね、川田選手も冬木もそうだけど、若い選手が全日本の中堅やベテランと当たるわけじゃないですか。若いからイケイケで好き勝手なことやるから、中堅もベテランも「ふざけやがって」とかこぼしてたと思うよ。それが若い選手たちの耳に入ってくるわけだから、萎縮することもあるけど、それを乗り越えなきゃいけない。そこらへんは悩んだと思うよ。先輩とばっかりやるんだから。

川田　控室に帰ってきた時に、試合を観てたカブキさんからブン殴られたこともあるし。でも、今思えば、そういうことがあったから少しずつプロレスを覚えていったと思う。

天龍　その時代とその歳の川田選手にとっては理不尽なことだったろうけど、振り返ってみたらこういうことだよって、今の歳だから理解できること。目立たなかった当時の川田選手から思ったら、上の方でできる自分がうれしかったと思うよ、ねえ？

川田　そうですね。外国から帰ってきたばかりの時はね……帰ってきたら第1試合だよ(笑)。さらに、馬場さんの付き人がいないから「またやってくれ」って言われたの。「だったら俺、もう1回外国行ってきます」って言ったの。

天龍　俺も同じようなことがあったよ。アメリカのダラスへ行く時に、馬場さんから「アメリカに行ったって稼げるのか？」と言われて、今でも忘れないよ、旭川で「全日本プロレスにいるよかマシですよ」って言ったんですよ。馬場さんは葉巻をぐーっとふかしたまま黙って何も言わなかった。行くなとも何も言わなくて。そのあとに(ビル・)ロビンソンと組んで、ずっと全日本にいるようになったんだけど、馬場さんがあの時「勝手に行けよ」と怒ったら、今の俺はなかったと思う。馬場さんは黙っていることで、いいか悪いか知らないけど、好転することもあるんだよ(笑)。多くを語らず。

SWSを批判してたヤツは恥ずかしくないのか

90年、天龍は全日本を離脱し、SWSへ移籍した。当時のマット界においては大事件であり、天龍は一時「カネで動いた」と指差されたこともあった。一方、見送った川田にとっては先輩たちが抜けたことでブレークするチャンスとなった。そして川田は、三沢光晴らと超世代軍を結成し、四天王時代へと動いていく。

天龍　SWSに行った原因は明確ですよ。天龍同盟で毎日必死こいて、夜は新聞記者の接待で酒飲んで朝までやって、睡眠は移動車のバンの中で寝てるのが正直なところだった。契約更改の時に「今回は（1試合）3万円ぐらい上がるかな」って行った時に、現状維持か5000円、1万円しか上がらなかったのを見て「何だよ、俺たち一生懸命頑張ってるのに」って思って。その時は日本テレビから来た人が査定をしている時で、「若いヤツはどうですか」と聞いたら、「（1試合当たり）1000円か2000円上がった」とかそんなことを話してきた。

「こんなに頑張っているのに、みんなファイトマネーもそんなに上がらなくてなんだよ、これ」と思ってる時に、元子さんが「下で馬場さんが呼んでる」って言うから行ったんだよ。てっきり馬場さんから「悪いな、みんな頑張ってるのにファイトマネーを上げられなくて。今、会社は厳しいから」って言われると思ってたら、「東京体育館のこけら落とし、ラッシャー木村とやるのか」と聞かれた。トンチンカンなこと言われたから、「話ってそれだけですか」「そうだよ」「じゃあ、僕もう帰っていいですか」。そのまま馬場さんが帰ったのを見て、「冗談じゃねえよ、全日本なんかでやってられない」と思った。不思議なことに「ふざけてるな、全日本は」と思ってる時に、桜田（一男＝ケンドー・ナガサキ）から「話がある」と誘われたのがSWSですよ。

川田 あんだけいなくなっちゃったから、どうなっちゃうんだろうとは思ったけど、別に誘われてもいないし、よそに行ったりしたらまた面倒臭いかなってのもあった。だから、そのまま全日本でいいやってみたいな感じでした。そら、みんないなくなったらさびしいですよ。

天龍 みんなって、そんなに抜ける人はいなかったよ。冬木とか折原昌夫とか4、5人だよ。ジャンボや三沢がいなくなったわけじゃないし。たぶん、田中八郎（当時・SWS社長）氏もどうってこともないヤツが来たと思ったんじゃない（笑）。

あの時は、SWSに藤波辰爾が来るっていう話があったのよ。で、俺がその時に田中八郎氏に「ヤバいですよ、それは。これで藤波辰爾を引き抜いたら、絶対揉めますよ」って言ったのを覚えている。「いやあ、大丈夫ですよ」って言ってたけど、結局来なかった。田中氏はそれぐらいプロレスのことをビジネスとして思ってたんだと思うよ。

俺はね、全日本を離れたことによって、SWSの額がいくらだから、新日本の選手、全日本の選手たちもみんなファイトマネーが上がったっていうことは、ホントにプロレス界のために貢献したと思っているよ。今だったらファイトマネーが上がったとか、親会社がついたとかで喜んでいるのに、あの時マスコミに書かれたバッシングはなんだったんだって思うよ。批判してたヤツは恥ずかしくないのかと思うよ。あそこでメガネスーパーがついたことによって、他団体の新日本も全日本も、大きな会社がプロレスに手を出してくれないかなって思ったはずだよ。俺たちが成功したら、全日本にも新日本にもどっかのスポンサーがついてくれるなと思ったこともありましたよ。

天龍さんのSWS移籍をいちばん否定したのが三沢さん

ＳＷＳに去り行く天龍を見送った川田は00年、またも大量離脱事件に見舞われた。三沢がほとんどの選手、スタッフとともに全日本を退団。新団体「プロレスリング・ノア」を立ち上げた。川田は日本人選手では渕正信とたった2人、全日本に残った。

天龍　その時、俺は単刀直入に、川田と三沢の仲が悪いのかなと思っただけですよ。

川田　三沢さんたちが出て行った時にくらべれば、俺は天龍さんたちが出て行った時のほうが少しは揺らぐものがあったのかなと思います。天秤《てんびん》にかけたとしたら、天龍さんたちが出て行った時のほうが、まだ自分も全日本を出て行く可能性があったかなっていう。ノアの時はまったく考えなかった。結局、天龍さんたちが出て行った時に、いちばんそれを否定したのが三沢さんなんですよ。「許せない」って言った本人が同じことをなんでやるのっていう。だから、俺は全日本から出て行かないと思っていた。新団体のことは何も知らなくて、向こうが用意した法律事務所に呼び出されて、そこで役員会があった時に、みんなが1人ずつ立ち上がって、「辞めます」「辞めます」と。で、部屋には僕と（馬場家で当時役員だった）元子さんと幸子さんだけが残った。

天龍　俺は聞いて第一に思ったのが、出て行ったヤツは汚いと思った。それはなぜかって「馬場さんが生きている時に出て行けよ」って言いたかった。馬場さんが死んで、元子さんと何かあったか知らないけど、反旗を翻して「俺たちだけでやりたいことをやる」っていうのは違うだろう。やりたいんだったら、馬場さんが生きている時に「自分のプロレスをやりたいから」って反旗を翻すなら、まだ筋が通る道もある。そのぐらいの気構えでやってくれよと。馬場さんが亡くなって1年もたっていないなかで、思うようにいかないから出て行くってのは卑怯だなって思ったよ。「三沢、それ違うよ」と俺は思ったよ。

川田　馬場さんが亡くなってから、結局「自由にならないから」って言ってたのはわかってるんだけど、でも馬場さんが亡くなってから自由にならないんじゃなくて、馬場さんがいた時だって自由になってるわけがないのよ。馬場さんがいなくなったから自由になるってのは、急にはありえない話。いろんな面で元子さんと三沢さんでマッチメイクをやるようになっちゃったし。結局、そういうなかで小橋（建太）と三沢さんも全然合わなくなっちゃって、どんどん客が入らなくなっていったんだよね。俺は今までどおり、渕さんとかがやってる時のほうが全然いいのにって思った。

天龍　「2人だけ残してって、何があるんだよ！」ってやっぱ思うよ。

川田　俺のこと、「借金があったから出て行けなかった」って書いてるヤツがいるんだけど、実際は全日本に借金なんてない。まったくない。

「全日本はなくなっちゃうな」と思った

三沢たちの離脱によって全日本が窮地に陥るなか、90年に一度は全日本を離脱した天龍が古巣の窮状を救うべく電撃復帰を果たした。92年のSWS崩壊後は自身の団体「WAR」を立ち上げ、のちにフリーとして新日本に参戦。長州、藤波、三銃士らと激闘を繰り広げた。そして94年には新日本の東京ドーム大会でアントニオ猪木から一騎打ちで勝利を収め、馬場、猪木からピンフォール勝ちをあげた唯一の日本人選手となった。全日本の中から見ていた川田にとって、天龍の活躍はどう映っていたのか。

川田　天龍さんは、いいところ、いいところを渡り歩いていくなあと（笑）。うらやましいですよ、そりゃあ。でも、それは天龍さんだからできたことで。俺もいろんな選手と試合したいという気持ちはありました。対戦してみたかった選手は、俺はまったく触れもできなかった猪木さん。何かのパーティーですれ違って挨拶したぐらい。でも、年齢が違ったから対戦は難しかったね。

天龍　猪木さんは、俺たちが入った頃のプロレスに世間からよからぬ批判があって、それで世間に向かって1人で闘っていたプロレスラーという印象です。猪木さんは新日本のストロングスタイルとかよく言われますけど、昔の日本プロレスで育った、馬場さんを含めて同じ日本プロレスの肌を持った人。そこから独特の技を開発して、独特のスタイルをつくったなというのは感じましたよ。

東京ドームで闘って、スリーパーを仕掛けられた時、猪木さんの腕の太さを見てナメてかかったら、本当に落とされたからね。落とされたんだけど、放っておけば猪木さんの勝ちになったのに、長州がなんで俺をリングに押し戻して、顔を叩いたのか今でもよくわからない。不思議だよ。リングに押し込まれた時に気がついたんだもん。「あ、落ちたんだ、俺」ってビックリした。それで頭にきて、突っ張ったのを覚えてますよ、やることないから（笑）。

川田 天龍さんが全日本に戻ってきたら対戦したかったのに、組まされたのよ。それはいまだに納得いかない。やらなきゃ。なんで組むんだって思うでしょ。

天龍 俺が戻ってきたことより、あとになって秋山（準）が全日本に戻ってきたほうがビックリしただろう、社長までやって。俺は全日本ではいち選手で終わったんだから。こき使われて（笑）。

全日本が川田選手と渕だけでやってて、あちこちの選手と興行をやっていくなかで、「全日本はなくなっちゃうな」と思った。でもその時に、新日本とかに上がっていても、俺のいた全日本なんだっていうのは心の中であったから。元子さんが続けてくれるんだったら、と思ってね。全日本に復帰するのは、俺の知ってるヤツは全員反対しましたけどね。「出て行く時にあんだけボロクソに書かれたんだから、なんでお前は行くんだ」って。

武藤が「全日本の社長をやりたい」って

02年、新日本の看板レスラー・武藤敬司が小島聡、ケンドー・カシンとともに全日本に電撃移籍した。同年に武藤は社長に就任。03年、天龍はWJプロレスに参戦し、川田も05

年に「無所属」を宣言して他団体に活動の場を広げ、2人とも生まれ故郷である全日本をあとにすることになった。しかし、川田はプロレス人生の後半がほぼギャラ未払いというアクシデントに見舞われていた。

川田　ほとんど未払いだよ。

天龍　俺もそうだよ。ハッスルもそうだし、WJもそうだし。

川田　ハッスルは3年半くらいかな。その間でもよその団体のビッグマッチに全部出ていたんだけど、そのぶんは全部もらっていない。ハッスル経由にしていたから。だから今、すごい貧乏で困ってるんだよ。

天龍　WJは長州が団体を旗揚げするって言った時に理想のプロレスの団体だと思ったし、もろ手をあげて参戦したよ。でも、途中で挫折しちゃって。長州も自分の夢を託したけど、自分の夢と違うところに行っちゃって戸惑った、というのが正直なところ。未払いは納得できないけど、長州も思わぬ方向に行ったし、スポンサーもお金を出せなかったんだからしょうがないよね。でも、WARだったら、嶋田家の財産を選手たちに差し出してたよ、俺は。

川田　ギャラの未払い分だけは分割で1～2年かけて返してもらったけど、武藤が全日本で社長をやった間、俺は何年間か厚生年金について会社が払う分も立て替えて、最高額を納めてきたからね。会社が払う半分まで払っていけって言われて置いてきたのよ。そしたらある時、家に赤いハガキが来て「ずっと払われてない」って。俺は最高額を置いてきたのに結局払われてない期間が何年間かあって、全日本が払った時は最低額を納めていた。それでいて武藤に何かで会った時、「全日本をなんで辞めたの」って言われても、「お金をもらえなければ生活できないからだろ」って（笑）。

天龍　気づいてないよ、そういうこと（笑）。

川田　武藤が「全日本の社長をやりたい」って言うから、俺と渕さんで元子さんのとこに行って「やらしてあげてください」って言ったの。俺たちが間違いだったよ、ホントに。

天龍　そうだったのか。俺が全日本に戻ってきた時、馳が「元子さんから（天龍が）社長になる約束事あったの？」って唐突に言ったの。「何を言っているんだ、いち選手として、全日本がなくなるのが嫌だから戻ってきたんだよ」って言ったら、納得して帰ったのよ。それを馳は武藤に「こういう話があったよ」って言って、それで武藤が「社長になる」って話になったんだと思うよ。

川田　俺は、地方で馳の部屋に呼ばれて「武藤が7億円出してくれるスポンサー連れてくるから」って言われたけど……結局一銭も持ってこなかったよ。

天龍　でも最後に、武藤は「俺はだまされたと思っているよ」ってしゃべってたよ。役員会か何かで、そこにいたじゃない、川田も。全日本がダメになる時に武藤は「俺だって元子さんにだまされたんだよ」って。

川田　じゃあ、社長をやらなきゃいい。

天龍　それが武藤の性格だよ（笑）。

川田　なんに関してもアバウトだし、ポジティブすぎる。

天龍　何があっても悪いとは思わないっていうのが、武藤のいいところでもあり、悪いところでもある。すべてサラッとだよ。

受身を取らない、技も受けない選手は老後も元気

川田は09年の三沢急逝を受け、第二の人生に着手することを決断。10年に東京・世田谷区にラーメン店「麺ジャラスK」をオープンさせた。一方、ハッスルをあとにした天龍も10年に「天龍プロジェクト」を設立し、15年11月15日、両国国技館の引退試合まで突っ走った。天龍はデンジャラスから麺ジャラスへの転身に驚きを隠せなかった。リングを下りた2人が今、思うこととは。

天龍　ビックリしましたよ。こんなに潔くバッと他の職業に転身して。自分1人で立ち回っているって聞いて、こんなに見事に転職できるものかなって感心したのを覚えてる。やっぱり俺は引きずるものがあるから。「レスラーの俺ができるわけがないだろう」とか思う俺がいるんですよ。でも、彼が1人でいろんなことをやって、店の前を通る時に、そんな交通の便もいいわけじゃないのに、1人で頑張っているんだなといつも思ってるよ。ただ、サインしてくれっていうお客さんとか、あんまり飲まない人に向かって、「帰れ」とか言っていると聞くと、「川田らしいな」って。それはうれしいよ（笑）。

川田　「帰れ」とは言ってませんよ。でも、プロレスラー超えのモンスターはいますけど。

天龍　そういうの、俺のところの寿司屋にも来ていたよ。

川田　毎日のように来るからね。たぶん、飲食店をやっていた人はわかると思う。混んできても立とうとか思わないの。ビール1杯で何時間もいるからさ。周りのこと気にしないからね。

天龍　外に人が並んでいたって帰らないんだから。だから、どんどんどんどんルールができちゃう。

川田　俺の席だろって。

天龍　よく1人で頑張っているなって思うよ。まだ若いから大丈夫だけど、でもいつか病気する。自分の体は自分でしか面倒見きれないからね。

川田　公に言ってないけど、俺も何回も手術だの入院しているから。選手の時代から、今でもそうだけど。

天龍　内臓は全然悪くないの？

川田　内臓も、ちょっと悪いところあるので。公表はしてないけど。あと、(ラーメン店で) 手の神経まで切っちゃった。指が曲がらなくなっちゃった。でも、そんなのよりもプロレス時代のケガとか病気はどうしようもない。

天龍　現役でやってる時はね、チンタラしていたら「もっとやれよ」「死ぬまでやれよ」とか思うけど、もうね、適当にやったほうがいいよ。後遺症が大変だから(笑)。

川田　背中とか腰とか痛くて、座ってられないくらいだから。一定の形にいると動けなくなっちゃうから。今も毎週病院に通ってるくらいだから。

天龍　痛み止め飲んだりとかね。

川田　今はヘタしたら1日20時間くらい立ってる時もあるんだから、もうボロボロ。

天龍 でも、偉いよ。1人で頑張っていこうっていう気構えを持ってやってるってのは。

川田 俺はあの歳でなきゃ、(麺ジャラスKは)できなかった。じゃあ今この歳になってプロレスをやめて、やれと言われても絶対できない。

天龍 川田は今いくつ？

川田 56です。5年後、10年後……俺、生きているかなあ。結局、無理なことをやってこなかった人は元気ですよね。

天龍 そういうことだよ。今、元気な人と言えば、藤波さんはね、あんなに激しいことをやっていたわりには珍しく元気だけど、長州は現役の時は自分のやりたいことをやってたからね。

川田 受身を取らない、技も受けない独特のプロレス。

天龍 ラリアットが専門だから。始まって10分したらもうラリアットして。元気の秘訣。

川田 長州さんの元気はそこにあると思う。藤波さんは新日本育ちだけど受けましたからね。

天龍 あの人は驚異だけど、本人に言わすと「もうボロボロだよ」っていう。プロレスは観ているよりもはるかに、10倍以上大変な職業だよ。だから思うのはね、プロレスは観て楽しんでるのにかぎるよ。で、汚いヤジでも飛ばしたら最高だよ。それがプロレスの最高の見方だよ。

川田 長続きしても元気いっぱいにまだやってる人は、エコなプロレスやってきている人。

天龍 俺と川田なんてとくに、世の中から針の穴で突かれるようなプロレス人生を送ってるひねくれた2人なんだから。大体この取材もお涙ちょうだいできれいに終わろうだなんていうのが、この2人を揃《そろ》えておいて大間違いだよ（笑）。

「前田さんを殴ったのは、マスコミが作り出した事件なんだよ！」（安生）

対談4

安生洋二×坂田亘

取材・文●堀江ガンツ

安生洋二 あんじょう・ようじ●1967年、東京都生まれ。第一次UWFに入門し、85年7月、星名治戦でデビュー。その後、新生UWFを経て、UWFインターナショナルに所属。「陰の実力者」として参謀役を務めたが、94年12月にヒクソン道場破り事件を起こし、団体崩壊の遠因となった。以降はフリーとして全日本プロレスやハッスルに出場。さらにK-1やPRIDEといった格闘技興行にも参戦した。2015年3月、引退。現在は、UWFインター時代の取締役、鈴木健が経営する焼き鳥居酒屋「市屋苑」で修業中。

坂田 亘 さかた・わたる●1973年、愛知県生まれ。中学時代からプロレスラー志望で、高校卒業後、アニマル浜口レスリング道場を経て、93年にリングス入団。94年11月19日、鶴巻伸洋戦でデビュー。2001年6月のリングス退団後は、DEEP、UFO LEGEND、PRIDEなどに参戦し総合格闘家として活躍。ZERO-ONE、ハッスルといったプロレス団体にも参戦し、ハッスルでは「坂田軍団」を結成し頭角を現す。07年、女優の小池栄子と結婚。16年のRIZIN大晦日大会での桜井“マッハ”速人戦を最後に現役引退。

2000年代、ともにハッスルの中心選手として活躍した安生洋二と坂田亘。それ以前は、同じUWF系でありながら、団体も世代も違うことからほとんど接点はなかったという。

安生は1985年に第一次UWFでデビュー。その後、新生UWFを経て、UWFインターナショナルでは会社の取締役であり、団体内の秩序を守る〝ポリスマン〟としての顔も持っていた。

一方、坂田は93年末にリングス入門。その新弟子時代は、ちょうどUインターがぶち上げた「1億円トーナメント（プロレスリング・ワールド・トーナメント）」に端を発し、安生が「前田日明には200パーセント勝てる」と発言するなど、両団体が一触即発の状況にある時期だった。

前田さんはUWF時代の話とか髙田さんの話は全然しない

坂田　安生さんとこうしてゆっくり話をするのは、ハッスル以来10年ぶりぐらいですかね？

安生　駅でバッタリ会ったことはあるけどね。

坂田　それ以外だと、髙田（延彦）さんの食事会で会ったぐらいですよ。

安生　同じU系とはいっても世代が違うからね。もともと何年デビューだっけ？

坂田　俺は94年11月にデビューですね。だから新弟子の頃、リングスとUインターが対抗戦をやる、やらないみたいなことで揉めてて。

安生　ああ、その頃か。じゃあ、Uインターに対してはどんな印象があった？
坂田　印象も何も、その頃っていちばんキツい時期じゃないですか。練習がキツいのは当たり前だと思っていたけど、雑用が多すぎて。あれには参りましたから。
安生　うまくかわすコツを覚えないとやってられないよね。
坂田　辞めたいとは思わなかったけど、こんなにつらいものかとは思いましたね。だっておかしな話じゃないですか、家族でもない他人のパンツ洗うとか。
安生　だから、俺は後輩に洗わせたことないもん。嫌だから。後輩は洗濯すると小遣いもらえるから洗いたがってるのもいたけど、俺は自分で洗ってた。
坂田　だから新弟子時代っていうのは、日々の雑用や練習に追われすぎて、他団体のことなんか、考えられなかったですね。
安生　生き残るのに精一杯だもんな。
坂田　ただ、プロレス雑誌の誌面でUインターとやり合うみたいなのがあったのは覚えていて。当時は前田さんも道場に練習に来ていたから、ちゃんこ食っている時とか、昔の新日本や猪木さんの話はよくしてたんですよ。でも、UWF時代の話とか髙田さんの話は全然しないから、「本当に仲が悪いのかな」とは思ってました。
安生　でも、リングスとUインターに分かれてからも、髙田さんと前田さんはたまに連絡取り合ってたんだよね。
坂田　たぶん、ちょこちょこ取り合ってましたよね。
安生　だから本当にこじれたのは、田村（潔司）がリングスに行ってからだよ。

ぶっちゃけ前田派なの？　髙田派なの？

田村潔司は95年5月の契約切れを待ってUインターを離脱。その1週間後の6月7日、リングスへの移籍を電撃的に発表した。同日、Uインターは札幌中島体育センターで興行を行っており、髙田はメインイベント終了後に記者から伝えられ、初めてそのニュースを知った。

当時、髙田と前田の関係は良好であり、ついその数日前も食事をともにしていたという。その時、田村移籍の話はいっさい出ておらず、髙田は前田の〝無言の引き抜き〟にショックを受け、両者の関係は再び悪化した。

安生　でも坂田は、前田さんと髙田さん両方とうまくやってるって、すごいポジションだよな。

坂田　いやいや、前田さんとはこの前、関係者の葬儀で10年ぶりに言葉を交わしたくらいですよ。

安生　じゃあ聞くけど、ぶっちゃけ前田派なの？　髙田派なの？　俺は生粋の髙田派ですよ。

坂田　ハッスルが始まる時、通過儀礼みたいに安生さんに同じことを聞かれた覚えがありますよ（笑）。「お前はどっち派なんだ？」って、すごく詰め寄られた思い出が。

安生　まあ、酒の席の遊びですよ。でも、誰とでもうまくやれるのはすごい。だって、田村ともうまくやってるでしょ？

坂田　田村さんの場合、プライベートでも一緒にいたんで、ちょっと友達感覚です。今、俺が業界で唯一定期的に会ってるのも田村さんとか菊田（早苗）ぐらいですから。

安生　「田村と友達」って、業界であんまり聞かないからね。Uインターの後輩に対しては、めっちゃ厳しかったらしいからな。

坂田　だからUインターがなくなって、金原（弘光）さんと山本（喧一）がリングスに来た時、俺が田村さんとタメ口みたいにしゃべってるのを見て、ビックリしてましたからね。「なんで田村さんにあんなこと言えるの？」って。「怖くないの？」「殴られないの？」とか（笑）。

安生　それは、金原やヤマケンに対しては殴ってたってことだな（笑）。でも、やっぱり坂田は人の懐に入るのがうまいんだよ。業界で田村の懐に入れる男なんて初めて聞いたよ。

坂田　リングスに来たばかりの頃の田村さんって、道場でいつも1人でポツンといたんですよ。もっと前の話をすると、田村さんが移籍してくる直前、前田さんに呼ばれてリングスの事務所に行ったら、そこに田村さんがいて。俺は、田村さんがリングスに来るなんて話知らなかったからビックリして。その時、前田さんに「今度、ウチに入る田村。よろしくな」って言われて。だから「田村さんが道場に来るようになったら、俺が気をつかってあげないといけない」と思ってたんですよ。そしたら田村さん、最初は本当に何もしゃべらないし、予想以上に気をつかわせる人だな、と（笑）。

安生　田村はやっぱりそうだったか（笑）。

坂田　俺はUWFが好きだったから、前田さん、髙田さん、山崎（一夫）さん、安生さん、宮戸（優光）さん、中野（龍雄）さんっていうオリジナルメンバーは、みんな憧れの人じゃないですか。で、そこから生え抜き第1号としてデビューした田村さんに会ったら、「うわ〜、田村さんだ」って気持ちだったんですけど。

安生　そういう憧れる気持ちも持ってたんだな。

坂田　でも、長井（満也）さんたちは対抗意識バリバリで、あのギスギスした道場の雰囲気に「えっ⁉」って感じでね。俺は「もう仲間なんだから、一緒に練習やればいいじゃん」って思ってたんだけど。

安生　長井たちにとっては微妙だよね。業界の先輩がよそから来て、扱いに困るだろうな。そこは誰かがビシッと、練習は練習という雰囲気をつくらなきゃいけないところだけど、そういう役目は誰もいなかったってこと？

坂田　いませんでしたね。若手のいちばん上が長井さんなんで。

安生　前田さんは、そういうことやらなかったの？

坂田　前田さんはたまに道場にも来てましたけど、「お前らちゃんとやっとけよ」というだけだし。前田さんがいる時は普通にやってたから、よくわかってなかったんじゃないかな。

安生　長井と山本（宜久）は新生ＵＷＦの新弟子でもあったから、彼らも新生の頃、田村に道場でキツくやられてたのかな？　どっちかというと、長井は船木（誠勝）さんにやられてたイメージで、あんまり田村にやられてたイメージはないけど。

坂田　けっこう、船木さんにやられてたんですね。

安生　みんなクラッシャーだよな。プロレスって身長が大事だから、自分より身長が高いヤツが入ってくると、目の敵にする人がいるんだよ。だから長井や山本みたいな身長が高い人は、新弟子時代に潰されやすい。それで結局、残るのは中くらいの身長が多くなるんだよ。

坂田　長井さんとかは年齢やキャリアがあまり変わらないから、その辺を意識したのかな。俺は全然そういう変な意識はなかったんだけど。でも実際、長井さんとか山本さんと田村さんの試合を見ると、敵意むき出しでしたよ。勝ったほうを事実上の次期エースにするっていうような意味あいもあったからだと思うけど。

安生　「誰がいちばん強いか、決めたらええんや！」ってことを、リングスでやらせてたわけか。

坂田　そこで田村さんが勝ったから、前田さん引退後のエースになったんで。で、田村さんが長井さん、山本さんとやってた頃、もう俺は田村さんと一緒に練習やってたから。周りからは〝田村派〟みたいに思われたかもしれない。だってそれから、山本さんとか成瀬（昌由）さんからは優しくされなくなりましたからね（笑）。

安生　「お前は向こうに行ったんだな」って感じだな。そこから山本たちとは仲が悪くなったの？

坂田　いや、仲が悪いとかじゃなくて、成瀬さんなんかにしても、同い年だけど一応先輩だから、仲良くなんかできるわけがないんですよ。

安生　もっと先輩の田村とは仲良くできるのに？（笑）。

坂田　田村さんは直の先輩じゃないから、嫌なところ見てないですから。新弟子時代からの先輩とはフレンドリーにはできない。でもこの前、成瀬さんと十数年ぶりに会って、普通に酒飲んでうれしかったですよ。当時はお互い、なんか意識あったんでしょうけどね。

田村さんの性格の悪さがメチャクチャ出てて最高

安生　実際、外から来た田村と練習するようになって、何か感じることあった？

坂田　「すげー強いな」って思いました。

安生　強いよね。リングスの他の先輩とは何が違った？

坂田　何かもう、自分の型みたいなものがあるなって思いましたね。立ち技も寝技も。山本さんなんかは、小手先のテクニックを無視するような圧力が強かったですけど、田村さんはそういうのじゃなくて、思うがままに動かされるような、そういう強さがすでにあった。だから、この人と練習すれば、全部勉強になるなって俺は思いましたね。

安生　「なんだよ、Uインター進んでるな」なんて思ったりもした？

坂田　いや、「リングスよりUインター」というわけじゃないんですけど、なんで田村さんがこんなに強いのか、本人にいろいろ聞いたんですよ。当時は、そこまで心を開いてもらってなかったから、１００パーセント話してくれるわけじゃないけど、小出しでちょっとずつ聞いていって。そしたら、日体大にレスリングの練習に行ってたとか、アマチュアレスリングの重要性っていうのを聞いたり。あとはUインター道場の話だと、桜庭（和志）さんや安生さんの名前は出てきてましたね。「安生さんの押さえ込みはすごいよ」とか。だから、Uインターのほうがはるかに進んでいるとは思わなかったけど、いい練習してたんだなって。

安生 Uインターは選手がたくさんいたからね。スパーリングもたくさんできたし。

坂田 そういう意味では、リングスは長井さんがいちばん上で、前田さんが来てのスパーリングなんか2回ぐらいしか記憶ないですから。新弟子じゃ、相手になるわけがない。あれだけ大きい人に、ずっと上に乗られたら。

安生 それは入ったばかりじゃ無理だろうね。

坂田 だから、田村さんとスパーリングをやるのは、新鮮ではありましたよ。あと、安生さんの強さっていうのも田村さんから聞いたのもあるし、あとはインターとか藤原組のビデオを観てたんで。選手になってから観ると、「この人、動きいいな。この人は悪いな」とか、わかるようになったから。

安生 田村は動きよかったもんね。

坂田 当時、田村さん本人にも言ったんですよ。「Uインター時代の田村さんの試合、安生さん、山崎さん、佐野（直喜＝現・巧真）さんとの試合がメチャクチャ面白かったです」って。

安生 その3試合か。どんなところが？

坂田 まず、山崎さんとの試合は、田村さんの性格の悪さがメチャクチャ出てて最高だなって（笑）。田村さんが逆片エビにいこうとして、山崎さんが耐えてるシーンで、逆片エビにいかずに、わざわざ支えてる手をとって逆十字でフィニッシュするところなんか、本当に性格悪いなって。

安生　先輩超えの試合がそれかよ、と（笑）。

坂田　あとは山崎さんのミドルをキャッチして、普通に足刈って倒せばいいのに、わざわざ足を肩から担いで、持ち上げて投げ捨てたりして。わざわざ、そういうことをしてたからね。

安生　ああ、そういうことやってたな～。

坂田　あと佐野さんとの試合は、俺もその当時、すでに〝つくり〟の試合とかも経験してたんで、「田村さんがメチャクチャ引っ張ってるな」って、見ていて感じて。安生さんとの試合は、純粋に技術の攻防が楽しめましたね。

安生vsヒクソンはプロのリングでやりたかった

94年12月7日、安生はロサンゼルスのヒクソン・グレイシー柔術アカデミーに赴き、ヒクソンをUインターのリングに上げて対戦すべく直接交渉を行う。しかし、この交渉は不調に終わり、安生の突然の訪問は〝道場破り〟としてその場で対戦することとなった。

この闘いで安生は、ヒクソンにチョークスリーパーで絞め落とされて惨敗。ヒクソンの弟子たちに囲まれての密室での闘いという完全なるアウェーな状況であったが、〝陰の実力者〟〝U系の裏実力ナンバーワン〟と呼ばれた安生の敗北は、U系のみならず、マット界全体に衝撃を与えた。

坂田　俺は安生さんがヒクソン・グレイシーの道場破りに行った時、よくわかんなかったんですよ。「これ、本当なの?」って。Uインターって仕掛けの部分で既存のプロレス寄りのことをしてたじゃないですか。だから最初はそういう煽《あお》りなのかと思ったら、どうやら違うなって感じて。あそこから最終的に、髙田さんとヒクソンがやるような、シリアスな流れになるとは思ってなかった。

安生　俺も思ってなかったんだけどな〜。

坂田　そうなんですか?

安生　俺は純粋にプロの試合として成立させるために交渉に行ったつもりだったんだけど、成立しないところもあるんだなと勉強になりましたよ。そんな道場の中でやるより、人前でやったほうがお金になるのに。

坂田　安生さんもヒクソンと試合をやってるんですよね。プロレスラーでは最初に。

安生　しかも一銭ももらわずにね。俺は「日本でお客を入れてやろうよ」って言ったんだけど、向こうは「いや、ここでやる」って言うから。そんなのプロの人間からしたらビックリじゃないですか。

坂田　考えられないですよね。

安生　「どうせやるなら興行としてやろうよ。ここでやってもどうにもならないじゃん」って言ったんだけど、「ここでしかやらない」って言うから、向こうのホームでやりましたけどね。でも、本当はプロのリングでやりたかったなっていうのが正直な気持ち。

坂田　あのあとは、さすがに前田さんも「映像観れへんのか?」って言ってましたよ。結局、見られなかったんだけど。あの時は、どういう状況だったんですか？

安生　すごいところで闘ってたよ。なんか柵があって、横を見たら壁に鉄アレーが並んでて、これで頭打たれたら死ぬなって思いながらね。

坂田　あの安生さんvsヒクソンはやっぱりリングスにも間接的に影響があって、あのあと、リングスにもヒカルド・モラエス、アジリソン・リマっていう、ヘンゾ・グレイシーの弟子が出場して、バーリ・トゥードをやるようになったんですよ。

安生　でも、バーリ・トゥードとか、あんまりやりたくなかったでしょ？　俺もバーリ・トゥードは好きじゃなかったもんな。強さの基準がそっちにいっちゃって嫌だったもんな。俺は自分たちがやっていた、立ったらキックボクシング、寝たら極めっこというのが強さのバロメーターで、それこそが最先端だと思ってたから。馬乗りで人の顔面を素手で殴るとか、闘いの姿勢が美しくないなって。

坂田　たしかに美しくはなくて、残酷で暴力的でしたよね。

安生　当時はそうだったんだよ。今の総合格闘技は美しいじゃないですか。いろんな技術の攻防が展開されてて、純粋に「すげー！」と思って俺も見てますけど、昔は素手で顔面を殴るっていう、そっちが多くて。それが強さのバロメーターになっちゃったのが、なんかね。ああいうのやりたかった？

坂田　当時、まだ自分はデビュー1年目だったんで、俺が志願したところであと回しだろうなって。ただ、（95年4月20日「バーリ・トゥード・ジャパン95」で）目の前で山本さんがやられた時は、グレイシー柔術っていうのは何かが違うなって思いましたね。単純に向こうのほうが技術が上とかではなくて、別の種類の格闘技が入ってきたなって。
安生　もう別の競技だもんな。
坂田　それでも向こうの土俵でグレイシーに勝たなきゃいけないとは思いましたけど。ただグレイシーはともかく、当時、修斗のヤツらがちっちゃいのばかりなのに、そいつらがU系に対して「自分たちのほうが先にいってる」みたいなデカい顔してたのは「なんだ、こいつら？」って思いましたね。
安生　（U系も修斗も）出どころは一緒なんだけどね。彼らもそもそもプロレスの技術を使ってるわけだから。それに当時は階級なんか関係なかったから。相手のほうがデカいから勝てないとかやらないとか、言い訳できなかったからね。リングスなんか、デカい外国人たくさんいたでしょ？
坂田　いましたね。最高で１５０キロぐらいのヤツとやったし。ヘビー級の外国人なんて、蹴ったって効かないもん。
安生　そんなのとやって、よく壊れなかったよな。
坂田　俺らはそういう闘いをやってきたんだけど、バーリ・トゥードで勝たないとしょうがないという風潮になってきた。とくに誰かがヒクソンかホイスを倒さなきゃいけない感じになったんですよね。

リングスvsパンクラスの抗争の原因は坂田

その後、Uインターは95年に経営が悪化し、新日本プロレスとの対抗戦を経て、96年末に解散。翌97年からはキングダムとして再出発し、エースの髙田は別行動で、ヒクソン戦を模索していく。

一方で、リングスはパンクラスと険悪な関係となる。

安生 前田さんとパンクラスが揉めたのっていうのは、何がきっかけだったの？

坂田 あの件は、当時フジテレビで格闘技番組をやってて、パンクラスもちょこちょこ放送されてたんですよね。そしたら、その番組プロデューサーが「パンクラス以外は、みんな格闘技じゃなくてプロレスだよ」みたいなことを言ってるって話が俺の耳に入って。「そんなヤツがいますよ」って、俺が前田さんに報告したら、ブチギレたんですよ。

安生 前田さんに告げ口したんだ（笑）。

坂田 告げ口ってわけじゃないんですけど（笑）。

安生 で、前田さんはそのプロデューサーに対してじゃなくて、パンクラスにブチギレたんだ。

坂田 パンクラスの連中が、そのプロデューサーに吹き込んだと思ったんじゃないですか。「ウチは真剣勝負ですけど、他は違うんですよ」みたいなことを言って、フジテレビに売り込んだんだろう、と。

安生 ああ、営業としてね。

坂田 たしか、そんな感じでしたよ。

97年8月13日、リングス鹿児島大会の試合後、前田が記者の囲み取材のなかで、「パンクラスがちょっとウチに対して許せないことを言っている。パンクラスは邪魔なので潰したい」と発言。これに対してパンクラス側は、高橋義生が「ウチを潰すとか言ってる前田日明を殺す！」と過剰反応。ここから一触即発の関係となった。

坂田はこの時、「俺が前田さんを守る」と発言。パンクラスとの揉め事の矢面に立った。

坂田 あのあと、俺と高橋さんがやるみたいな話があって、交渉もしたみたいなんだけど、まとまらなかったんですよね。当時、パンクラスの選手とひんぱんに会うことはなかったけど、あの一件のあと、どっかで高橋さんと会った時、俺を殺すような目で見てくるから、「なんだ、この野郎」と思いましたよ。業界の先輩だけど、ホントにこいつは嫌だなと。

安生 でも、そもそも坂田がきっかけをつくったわけだからね。前田さんに「こんなこと言ってますよ」と伝えてさ。高橋に殺すような目で見られる種を蒔《ま》いたのは本人じゃねえかって（笑）。

坂田 そういう意味じゃ、そうですけどね（笑）。俺はそういうのを抜きにしても、パンクラスとはやりたかったですけどね。

安生 もし対抗戦になったら、リングスは外国人軍団がぶあーっと出てくるから、パンクラスも警戒したんだろ（笑）。Uインターが対抗戦の交渉をした時もそうだったから。あんな体をしぼって80キロぐらいしかないパンクラスが、リングスの外国人とやったら相当キツいと思うよ。頼みのバス・ルッテンだって「クリス・ドールマンは裏切れない」って、リングス側に回るかもしれないしな（笑）。

ヒクソン戦の前、極秘で前田の指導を受けていた髙田

リングスvsパンクラス抗争と時を同じくして、97年10月11日、「PRIDE・1」東京ドームで、髙田がヒクソンとバーリ・トゥードで対戦。1ラウンド4分47秒、腕ひしぎ十字固めで完敗。

UWF系のトップである髙田が、何もできずに敗れたことで、ここからプロレス界、格闘技界は巨大な地殻変動を起こしていくこととなる。

坂田　髙田さんがヒクソンとやるって最初に聞いた時、正直、最初は「本当にガチンコでやるの？」って思ったんですよ。そしたら、その舞台が新しくできたPRIDEっていう第三者的なリングだって聞いたから、「じゃあ、ホントにやるんだ」って。

安生　プロレス界のトップ中のトップが、ああいうところに出ていくっていうのは、それまでなかったからね。

坂田　で、あの頃って、また前田さんと髙田さんの関係がよくなってたんですよね。で、ある時、合宿所にいたら前田さんから電話がかかってきて、「今から道場に来い」って呼び出されたんです。それで「また、なんかぶん殴られるのかな？」と思ったんだけど（笑）。行ってみたら道場に前田さんと髙田さんがいて、俺が髙田さんの練習相手というか、実験台になったんですよ。

安生 実験台ってどういうこと？

坂田 ヒクソンは身長がちょうど俺ぐらいじゃないですか。だから前田さんが髙田さんに「こうやったらいい」とかいろいろアドバイスして、それを俺相手に試していた感じですね。

安生 〝仮想ヒクソン〟役を務めたわけか。その時、道場には他に誰かいたの？

坂田 前田さん、髙田さん以外は俺だけです。他に誰もいない。

安生 それもすごい画だね。ちなみに、前田さんはどんな戦略を授けてたの？

坂田 まだルールがちゃんと決まってなかったから、山本さんがヒクソン戦でやった戦法というか。テイクダウンされそうになったら、片手でロープを摑むとか。前田さんは「髙田の力なら絶対に返せるから、それで体を入れ替えてやろうよ」みたいなことを言ってましたね。

安生 髙田さん、腰が強いからね。

坂田 腰は強いし、腕力とかメチャクチャ強いですよね。

安生 だから本来、髙田さんはいろんな面で上回っているのに、いろんな人のアドバイスを聞きすぎて、混乱してしまった部分はあると思うな。

坂田 そういう髙田さんの姿を見て、「ちょっとヤバいんじゃないか」と思った部分はありました？

安生 試合当日、控室の中を紫色で統一した時は、「どうしちゃったのかな」というのは感じたね。どなたの意見かわかりませんが、そういうものにすがる感じになっていて。まあ、それだけ大変な一番だからね。歴史的な一番ですから。だから敗れたとはいえ、のちの世界的な総合格闘技の流れをつくったのは髙田さんだと思うよ。

坂田　それは間違いなくそうですよ。俺は、髙田さんぐらいの人が、ああいう試合をやること自体すごいと思いましたから。もう、やらなくてもいいポジションじゃないですか。これは悪口じゃないけど、プロレス界のトップであれをやった人は他にいないわけだから、それは単純にすごいな、と。まあ、あのあと前田さんもヒクソンとやろうとしてたんですけどね。

安生　本気でやろうとしてたんだ。

坂田　だと思います。実際、その話ばかりしてましたから。

安生　リングスの選手の前で、「俺がヒクソンとやる」っていうことを言ってたわけ?

坂田　みんなの前で言ったかどうかは忘れましたけど、俺は直接聞いてますね。それがしばらくしたら水面下の交渉になって、そこからはこっちに話が入ってこなくなって。年が明けて春頃に髙田vsヒクソン再戦決定っていうのが電撃的に発表されて、そこからまた前田さんと髙田さんが疎遠になったんです。

「前田殴打事件」は第三者が口を挟めることじゃない

90年代のU系は、近親憎悪のように前田を中心として揉め事を繰り返してきた。それが世紀末の99年に最大級の事件が起こる。

99年11月14日、東京ベイNKホールで行われたUFC-Jの全試合終了後、バックステージで安生が前田を襲撃。背後から不意にパンチでアゴを撃ち抜かれた前田は、バッタリと倒れ込み失神昏倒《こんとう》。そのまま病院送りにされてしまう。
この時、唯一会場に残っていたリングスの選手として、安生がいる控室へと乗り込んで行ったのが坂田だった。

安生　UFC-JのNKホールの時は、何役で来てたの？
坂田　（髙阪）剛が出てたんで行ったんですよ。
安生　髙阪のセコンドだったの？
坂田　試合のセコンドはモーリス・スミスたちがやってたんですけど、俺らは控室周りとかサポートする感じで。それで試合後、剛は病院に行っちゃったんで、俺は控室で関係者とかと普通にしゃべってたんです。そしたら周りが急に騒ぎ始めて。
安生　俺は前田さんを殴ろうとしても、リングスの選手たちに止められると思ってたんだよ。普通いるでしょ、前田さんの横に。あんな揉めてるパンクラスや俺がいる会場なのに、なんで1人で放っておいたのって。
坂田　今思えばそうですよね。ただ、剛の試合が終わったあと、みんな帰っちゃってたんですよね。
安生　でも、その前は黒人のボディガードをつけてたわけでしょ？
坂田　高橋さんと揉めてる時はいましたね。
安生　それよりもっと危険な雰囲気の会場に、なんでボディガードなしで来るのかなって。

誰かが絶対に俺のことを止めると思ってたのに、誰も止めないんだもん。俺も網膜剝離の手術をしたばかりで、メガネもコンタクトもできない。しかもあそこはライトもなくほとんど暗闇だったから、何も見えないわけだよ。ただ、〝大きい影〟が見えるだけでね。そこに俺が向かっていったら誰かが止めると思ったけど、誰も止めなかった。あれは前田さんの横に誰かリングスの選手がついてたら、起こらなかった事件ですよ。

坂田　あのあと、俺が控室にいた時、リングスの社員か誰かが俺を呼びにきたんですよ。「前田さんが殴られて倒れました」って。それでステージに行ったら前田さんが倒れてて、周りにいたカメラマンが「安生さんにやられた」って言うから、安生さんのいる控室に入っていったんですよ。安生さん、覚えてます？

安生　なんとなく覚えている。

坂田　それで控室に入って行ったら、安生さんが冷静を装って身支度しているけど、話したらすごく興奮してたんですよ。

安生　そりゃ、興奮するよね。俺は一発殴ってから、その後の状況を確認してないから。前田さんが気絶して動かないところまでしか見てないから、正直「やベー」って思ってね。ヘタしたら前田さん死ぬんじゃないかとまで考えてたから。

坂田　それで俺が「どういうことですか？」って聞いたら、安生さんが興奮しながらも冷静な口調で、「坂田選手やリングスの若い選手には本当に申し訳ないと思うけど、俺はもう引けなくなってたんだよ。人前で小突かれたりとかして、許せなかったんだよ！」って言われて。そうしたら、俺も前田さんの近くにいた人間だから、安生さんがこれまでどんなことをされてきたか、察せる部分があるじゃないですか。「ああ、これはもう、やられたからやり返すじゃ終わらないな」と思って。納得したわけじゃないけど、これは第三者が口を挟めることじゃないなって。

安生　まあ、旧世代の争い事だから、そのあとの世代は違うからね。

坂田　だから、これが安生さんじゃなくて高橋さんに殴られたのなら、俺も引き下がることはなかったと思いますね。あんな、深い関係もない高橋さんが殴ったら、ただのチンピラじゃないですか。

安生　あの時、俺のバックにパンクラスがいるみたいなことも言われたけど、それもないからね。パンクラスはパンクラスで、前田さんに対して思うところはあったんだろうけど。だからといって、一緒になって前田さんを囲んでボコボコにするとか、そういうのはない。昔のチーマーじゃないんだから。

坂田　でも、俺が安生さんと話をしたあと、控室を出ようとしたらドアの前でパンクラスの連中が俺を囲んできて、「なんやコイツら?」と思いながら、「ちょっとごめん」って外に出たんですけど、あとになって、もし控室に乗り込むような形で行ってたら、俺がやられてたんだなって思いましたよ。

安生　まあ、俺は知らないけど、パンクラスがそういうことはしねえだろと。

マスコミが前田さんを煽って、勘違いさせて、増長させた

坂田　安生さんとしては、前田さんに対する長年蓄積された鬱憤が、あの日、爆発した感じだったんですか？

安生　正直、鬱憤はそれほどなかった。向こうははるかに先輩だから。当時の先輩ってそういうもんだからね。理不尽だろうがなんだろうが、先輩は先輩。だからUWF時代に前田さんにやられたことに対しての鬱憤はない。でも、会社が別になって、会社同士の話になれば、俺は自分の会社を守りたいから話が違ってくる。

だから鬱憤があるとすれば、サムライTVの開局記念パーティーで、俺が髙田さんの代理として出席して、前田さんとちょっと揉めた時。突然、あの人がいろいろ言ってきて小突かれたんだけど、俺もあの場で暴れるわけにいかないからそこで引いたら、あとでマスコミが「さすが前田日明。安生がビビって引いた」みたいなことを書いたわけですよ。おいおい、それなら俺が暴れたほうがよかったのか？って。それが鬱憤っちゃあ鬱憤。

坂田　マスコミがそういう空気を作り出したことに対する鬱憤ですか。

安生　出発点はそこですよ。マスコミが前田さんを煽って、勘違いさせて、増長させたんだから。根本的に俺の鬱憤をつくったのはマスコミなんだよ。だいたい前田さんがケンカでなんかやったり、素人を脅したりして「さすが！」って褒めちゃうのはおかしいだろ！マスコミが褒めるから、あの人も「ケンカ1万勝だ」とか「闇討ちでもなんでも仕掛けてこい」とか言い出すようになって、あんなふうに増長させたのはマスコミのせいですよ。

なぜケンカする人間を褒めるんですか？　暴力を肯定してどうするんだよ。格闘家はケンカしちゃダメなんですよ。そんなの当たり前のことなんですよ。なのに、なぜ褒める？とくに煽ってたのは『紙プロ』ですよ！　マスコミが前田さんを勘違いさせて、増長させて、誰もあの人を叱る人がいないから、俺がやったんじゃねーか。傍観者のフリしてるけど、マスコミが作り出した事件なんだよ！　当時の『紙プロ』の編集長をここに呼んでこいよ！　誰なんだよ！

坂田　俺らもよく知ってる山口日昇ですよ（笑）。

安生　それじゃあ、今どこで何をしてるのかもわからないから呼べねえか。そりゃ、仕方ねえや（笑）。

「前田さんを殴ったのは、誰も止めないから、とりあえず……」（安生）

対談5

安生洋二×髙阪剛

取材・文●堀江ガンツ

高阪 剛 こうさか・つよし●1970年、滋賀県生まれ。専修大学で柔道を学んだのち、リングスに入団し、94年8月、鶴巻伸洋戦でデビュー。リングス在籍中からUFC等に参戦し「世界のTK」と呼ばれる。リングス活動停止後はパンクラス、PRIDE等で活躍。キング・オブ・パンクラス初代スーパーヘビー級王者。17年大晦日のRIZINではミルコ・クロコップと対戦した。

プロレス界には〝ポリスマン〟という隠語がある。その意味は、団体内の秩序を守る役割を担う実力派のレスラーのこと。実力未知数の選手が初参戦した場合は、まず最初に対戦しその実力を見定める。また外敵との闘いにおいても、その実力で防波堤となり団体とそのエースを守る。強さを売りにするＵＷＦ系の団体にとっては、欠かせない存在だ。

そのＵ系において、ＵＷＦインターナショナルでは安生洋二が、リングスでは髙阪剛がその役割を果たしてきたことに異論がある人はいないだろう。

90年代に同じ重責を担った二人が今回初対談。ＵＷＦ３派が緊張関係にあった、あの時代を語ってもらった。

安生　俺と髙阪くんが話すようになったのは、（１９９９年11月14日の）ＵＦＣ－Ｊの前あたりかな？

髙阪　たぶんそうですね。

安生　何人かでメシを食いに行ったんだよね。そしたら、ご飯を茶碗じゃなくておひつで頼んで、そのおひつのご飯を全部平らげちゃったから、「なんなんだ、こいつは！」って。

髙阪　そんなこと、ありましたっけ？　でも、それは通常のことなんで、あったんでしょうね。

安生　しかも、その帰りにもう一軒、「ちょっと腹減ったんで」ってカレー食いに行ったんだよ（笑）。

髙阪 あー、なんかあったかもしれない。

安生 最初は和食屋に行って、そこでおひつを平らげて。そのあと別の店で軽く飲んで解散っていうときに、「カレー食って帰る」って言うんで、あのおひつのご飯は、どこに行っちゃったんだよ!? っていうね（笑）。

髙阪 自分、白米が大好きなんですよ。昔はチャーハンをおかずに、ご飯食べてたぐらいなんで。

安生 だからその頃から、「髙阪は白米が大好き」っていうことだけは、相当頭ん中にインプットされたよ。試合のことはあんまり覚えてないけど、そういうことは覚えてるから。

髙阪 ただ自分は、その前から安生さんの噂《うわさ》はよく聞いていたんですよ。（98年4月に）金原（弘光）さんがリングスに入団されたあと、サク（桜庭和志）もリングスの道場に練習に来るようになって。それで練習の話をすると、二人の口からいつも「TK、安生さんと一緒に練習したほうがいいよ」って言われてたんですよ。

安生 なんで？

髙阪 「押さえ込みが異常に強いから」って。当時、デカい外国人と試合をすることがあったんで、強い押さえ込みに対する練習が必要だったんですね。そしたらサクが安生さんのこと、「あんなに押さえ込みが強い人、いままで見たことない」って言ってたんですよ。

安生 へ〜、リングスでも俺の話が出てたんだ。じゃあ、その流れで俺もリングスの道場に行ってたら面白かったね。

髙阪 当時はヤマケン（山本喧一）もリングスに入団してたんで、そしたら自分と金原さん、サク、ヤマケン、安生さんで、ずっとスパーリングやってたでしょうね。

安生　みんなスパーリング好きだからな〜。やってたら面白かったね。でも、前田さんに見つかったら怒られるか（笑）。

「1億円トーナメント」前田が提案した対抗戦のメンバー

94年2月にUインターは、「プロレスリング・ワールド・トーナメント（通称・1億円トーナメント）」開催をぶち上げる。これは当時の主要5団体のエース（前田日明、船木誠勝、橋本真也、三沢光晴、天龍源一郎）へ招待状を送付し、優勝賞金1億円を用意してトーナメント出場を呼びかけたもの。

この時、ほぼすべての団体が参戦を断るなか、リングスだけは「団体対抗戦という形でやらないか」と、条件を変えて交渉の席についた。しかし、Uインター側は「それは話が違う」と、対抗戦案を拒否。あくまで前田のトーナメント参戦を求め、記者会見では安生が「前田さんはUWFで終わった人間。200パーセント勝てる」と発言。それに激怒した前田が、安生の家族を脅迫するような発言を行うなど、禍根だけが残る結果に。

このUインターとリングスが最初に緊張関係になった1億円トーナメントの時、高阪はまだリングスの練習生だった。

安生　1億円トーナメントの件でUインターとリングスが、やる、やらないみたいになっていた時、リングスの道場はどういう雰囲気になってたの？

髙阪　ほかの先輩方がどう思っていたかはわからないんですけど、自分はやるなら出たいなって思ってたんですよ。でも、デビューもしてないのに、出させてもらえるわけがないんですけど。

安生　まだ、デビューしてなかったんだ。

髙阪　自分は93年に入門して、デビューは94年8月だったんで。それで、Uインターのトーナメントじゃなくて、同じ94年4月に第1回ザ・トーナメント・オブ・Jっていう、ジャケット着用の総合格闘技大会があったんで、そっちは「出ていいですか？」って前田さんに直訴したんです。でも、まだデビューもしてなかったんで「お前、出られるわけないやろ」って門前払いにされてしまい、それでデビューした次の年、第2回大会が開かれたんで、懲りずにもう一回お願いしに行ったら、その時は「ええぞ」って言われて。「その代わり、優勝しなかったらお前わかってるよな？」って。

安生　坂田亘のような目に遭ってたかもしれないんだな（笑）。

髙阪　でも絶対優勝するつもりだったんで。

安生　優勝したの？

髙阪　はい。決勝でエンセン（井上）の兄貴のイーゲンとやって。

安生　そうなんだ〜。じゃあ、髙阪くんのデビューが1年早かったら、もしかしたらUインターとの対抗戦に出てたかもしれないのか。

髙阪　大いにありえますね。

安生　でも当時、全面対抗戦をやる交渉をしてた時、リングスが出してきたメンバーが全員外国人だったからなあ。そこに髙阪ひとりが入ってたってことか。

髙阪　そんな話があったんですか？

安生　あったんだよ、水面下で。12対12かなんかでやる話で、メンバー表を見てみたら全員外国人で前田さんも入ってないから、「なんじゃこりゃ〜！」ってね（笑）。なんか違くね？　外国人枠ありすぎだろ。じゃあ、俺らも集めてくるわって。すごい流れだったな、当時は。

　俺はリングスやパンクラスのことは、やっぱり元々同じ出なんで、〝競合他社〟という感じで気にはなってたけど、髙阪はどうだったの？

髙阪　Uインターは自分一回、会場へ観にいったことがあるんですよ。メインイベントが誰と誰だったかは覚えてないんですけど、ただ、サクの試合だけは目に焼き付きましたね。変な動きするな、やりづらそうだな、とか思って。

　ただ、ライバル意識とはちょっと違ったんですよね。自分の場合、デビューしてしばらくしたら、UFCにマーク・コールマンとかヘビー級のトップアスリート連中がどんどん出てきていたので、日本の他団体のことより、そっちに食らいついていきたいなっていう気持ちが大きくなってましたね。そのために、練習環境をどうしたらいいのかとか、そういうことばかり考えていたので、Uインターやパンクラスの選手に対しては、もし同じ考えを持っている人がいるなら、一緒に練習やりたいなってずっと思ってましたね。

安生　やっぱり、俺とは全然考え方が違うな。俺の意識は〝選手〟じゃない。髙阪くんのように、競技として総合を捉えてそのトップを目指していた人間と、俺みたいに団体をどうしたら生き残らせられるかを一番に考えてた人間は違う。格闘技に対する意識の持ち方が違うな。

「ヒクソン道場破り」は会社としての〝出張〟

Uインターとリングスで、それぞれ同じような立場にいた2人だが、安生は85年デビュー、髙阪は94年デビューと、世代は離れている。そのため、団体間の揉め事に対するスタンスも当然違っていた。そしてその違いは、外敵との闘いにも顕著に現れた。

94年12月7日、安生はロサンゼルスのヒクソン・グレイシー柔術アカデミーに赴き、ヒクソンをUインターのリングに上げて対戦すべく直接交渉。しかし、これは不調に終わり、〝道場破り〟としてその場で対戦することとなる。道場生に囲まれながらの密室での闘いは、マウントパンチで顔面を血で染められ、チョークスリーパーで落とされて惨敗を喫してしまう。

この有名なヒクソン道場破りは、自らの名声のためではなく、団体の戦略を体を張ってまっとうしただけだった。

髙阪　安生さんはなんで、ヒクソンの道場に行かれたんですか？

安生　流れだよ（笑）。俺は競技者じゃなくて、会社人間だから。競技者だったら、あんなことしないでしょ？　ちゃんと競技としてしか試合はしない。でも俺は会社人間だからさ、ヒクソン側との交渉の過程でそういう流れになってしまって、「じゃあ、行ってください」って言われたから、「行きますよ」って。だから俺にとっては〝出張〟ですよ！（笑）。

高阪　自分は違う見方をしていたんですよ。あの頃って、それぞれ団体に分かれていたし、ルールも違ったりしたから、実は誰がいちばん強いのかというのが、わかりづらい状態だったような気がするんですよね。だから、安生さんが勝てば、グレイシーよりUインターのほうが強いというふうになるし、もし負けたとしても、どれくらいの実力かがわかる。その爪痕を残しにいったんだと思ったんですよ。

安生　まあ、ちょっと微妙に違いますね。会社としては、俺が行って勝ったらいいわけだから、そういう要素もなくはないですけど。俺個人としては、敵地に乗り込んでいくわけだから、いろいろ余計なことを考えなきゃいけないわけよ。ヒクソンとやるまでに、何人か倒さなきゃいけないのかなとか。もしくは、ヒクソンとやって仮に勝ったとしても、その場でほかのヤツらが「帰さねえぞ！」って来たら、どうやって帰ればいいのかなって。

高阪　当然、そういうことを考えられたと思うんですよね。だけど「行ってまえ！」って感じで行かれたわけですか？

安生　頭ではいろいろ考えて、どう考えてもタダでは帰ってこれないんだけど、会社のために行かなきゃいけないから行ったわけでね。だからこれ、相当バカにならなきゃやれないよ。

高阪　自分は最近ちょっと思うのは、賢すぎる選手って総合格闘技では難しいんじゃないかってことなんですよ。考えすぎてしまって、なかなか動けなくなるというか。安生さんの場合、いろいろ考えたうえで、最後はバカになって向かっていったことで、結果はともかく風穴を開けて。それが格闘技界の大きな流れになりましたからね。

前田が「モーリス・スミスとやりたいヤツおるか?」

一方で髙阪は、96年1月24日リングス日本武道館大会で、元キックボクシングWKA世界ヘビー級王者のモーリス・スミスと対戦する。スミスは94年の総合格闘技転向後、パンクラスを主戦場としており、これがリングス初参戦。必然的にスミスを通して、リングスとパンクラスの実力が比べられるため、絶対に負けが許されない一戦だったが、このスミス戦に自ら志願したのが、まだデビュー1年半の髙阪だった。

髙阪 モーリス戦の時は、自分がデビュー1年半ぐらいだったんですけど、自分から前田さんにお願いしたんですよ。

安生 そのキャリアで直談判できるってすごいね。相当本能で動いてますよ、これ(笑)。

髙阪 自分もバカだったんです(笑)。

安生 もうちょっと賢い子かと思ってたんだけど、意外と本能型だったんだな。これ、髙阪くんがリングスじゃなくてUインターだったら、「俺がヒクソン道場に行きたいんですけど」って直談判して、俺が行かなくて済んでたかもしれないな。

髙阪 自分も、もしかしたら行ってたかもしれないですね。

安生 ちょうど「ヒクソン・グレイシー」という名前が大きくなっていた時だったから、

「あっ、俺が動くところはここだ！」って思ってたかもしれないな。

高阪　モーリスの時も、実は前田さんが選手をみんな集めて、「今度、モーリス・スミスが来ることになったけど、このなかでやりたいヤツおるか？」って言ってくれたんですよ。ただ、その時自分は、デビュー前に一度直談判して「アホか、お前は」って言われた一件があったし、先輩もいたから、一番に手はあげずにいたんですよ。ただ、そこで誰も手をあげる人がいなくて、ちょっと沈黙があったんで、「自分がやりたいです」って言ったんです。

安生　やっぱり言ったんだな。

高阪　言ったんですけど、やっぱりまだ新人だったから「おお、高阪か。ほかに誰かいないか？」って、その場では決まらなかったんですよ。そしたら次の次の日ぐらいに、事務所から「モーリス・スミス戦決まりました」っていう電話がかかってきて。そこで気づくんですよね、「これは勝たなきゃ、エライことになるな」って。それで自分、モーリスとやるのに当時打撃を全然知らなかったので、大阪のボクシングジムに泊まり込みで練習しにいったりして、自分なりにできるかぎりの準備はしたんですよね。

安生　デビュー1年半で、打撃もわからないのに、キックの最高峰のモーリス・スミスねえ。これは、相当な本能型だな（笑）。

高阪　あの頃はちょっとブッ飛んでましたね（笑）。

安生　そのボクシングの寝泊まりは試合に活きたの？

高阪　結局、すぐ倒してヒールホールドで勝ったんですけど、打撃に対する恐怖心がなくなったのは活きましたね。

安生 あっさり勝っちゃったんだ。すげえな。そこから仲良くなったわけか。

髙阪 試合後、モーリスがバックステージで足をひきずりながら自分のところに来たんですよ。てっきり俺をボコボコにするために乗り込んできたのかと思ったら、「一緒に練習やらないか？」って言われて。そっからの繋がりで、自分がアメリカに拠点を移して、フランク・シャムロックも加わって、UFCに行くっていう形になったんです。

安生 それがアメリカのMMAの走りなのか。滅茶苦茶UイズムじゃないかG。モーリス・スミスが初めて日本に来たのは新生UWFだし、そこにパンクラス、リングスの要素でチームつくっちゃったようなもんだよね。

髙阪 実はそうなんですよね。

安生 俺もそこに入れたらよかったんだけど、俺は競技者じゃなくて会社人間だから、そういうことはできなかったな〜。

髙阪 だから自分がいわゆる外敵とやる時って、リングスを守るっていう気持ちもちろんあったんですけど、自分自身が強くなることのほうが、柱としてあった気がしますね。

安生 あの時代に、若いバリバリの選手だったらそうだろうな。田村（潔司）とか桜庭だってそうだったから。それが俺の場合、会社人間だったこと以前に、選手として目立つポジションに行きたい気持ちがなかったからね。上に立つってことは、興行に対する責任が生まれるってことですから。俺がメインになって、営業から「チケットまったく動かないですよ」って言われたら、そんなプレッシャーに耐えられない！　だから俺は、会社がうまくいくように、田村が上がってきたら、「どうぞどうぞ、田村くん」って上に上げてね。その一方で、若いヤツの抑え役にもなって、調整役をやってた感じだな。

「誰も止めないから。じゃあ、とりあえず……となっちゃった」

96年12月にUインターは活動停止。翌97年5月にキングダムとして再出発するが、1年もつことなく、98年3月の横浜文化体育館大会をもって崩壊してしまう。

こうしてU系3派体制は終焉を迎え、リングスとUインターの長きにわたる緊張関係にも終止符が打たれたかと思われたが、99年に最大の〝事件〟が起こる。

99年11月14日、東京ベイNKホールで行われたUFC－Jの全試合終了後、バックステージで安生が前田日明を襲撃。背後から不意にパンチでアゴを撃ち抜かれた前田は、バッタリと倒れ込み失神昏倒。そのまま病院送りにされてしまう。

この日、安生が前田を襲撃することは、一部関係者は知っていたとされ、また前田と関係が悪化していたパンクラスとの共謀も噂され、世紀末のマット界に暗い影を落とすこととなった。

この11・14UFC－Jは、パンクラスからKEI山宮が参戦。髙阪剛はセミファイナルで、ペドロ・ヒーゾと対戦。そして、元々UFC－Jはキングダムと提携しており、団体崩壊後も安生は個人としてアドバイザー的な立場にあった。これによって、緊張関係にあったU系3派が同じ会場に集まることとなり、また、前田日明の来場も決まったことで、「なにかが起こるのではないか」と不測の事態が懸念されていたが、それが現実のものとなってしまった。

安生　髙阪くんは、どういう経緯でＵＦＣ－Ｊに上がったの？

髙阪　自分の場合、ＵＦＣのジャパンじゃなくて、本部の運営会社であるＳＥＧから話があったんですよ。最初は日本大会云々じゃなくて、場所は関係なく「次の試合」ということで話が進んでたんですよね。そうしたら、「（99年の）11月にＵＦＣ本体のナンバーシリーズとして日本でやるから、そこに出てくれ」って言われたんです。それで前田さんにも、「次のＵＦＣは日本でやることになりました」っていう話をしたんですけど、とくに「日本はダメだ」と言われることもなく、「おう、頑張れよ」っていう感じだったんですよね。

安生　その裏では、相当怒ってたみたいだけど（笑）。

髙阪　自分の試合が正式に決まってから、ＵＦＣ－Ｊが安生さんたちと協力関係にあることを知っちゃったみたいで。

安生　実は、元々ＵＦＣ－Ｊとキングダムが提携していたことがバレちゃったか（笑）。あの時は、もうキングダムが終わって、主催者の個人的なアドバイザーみたいな感じだったんだけど。

髙阪　自分はその辺の事情、あとから知ったんですよね。ずっとアメリカにいたんで、日本のことはよく知らなかったんですよ。

安生　あの日は、俺らもいたし、パンクラスもいるなかで前田さんがいて、Ｕ３派が揃ってたんだよな。

高阪　自分は試合に集中してたんですけど、エンセンも来ていたから、本当にいろんな団体の人がいるなと思ってたのは覚えてますね。

安生　俺が前田さんに一発入れた時、なんでリングス勢はいなかったんだろう？

高阪　自分の試合がたしかセミファイナルだったんで、それが終わったら帰ってしまったんじゃないですかね。俺自身は、すぐ病院に運ばれてしまって。

安生　ああ、そうだったんだ。だから、「なんで、あんなところで1人でいるのかな？」って思ってたんだよ。俺が向かっていっても、絶対に止め役がいっぱいいると思ってたから。実際、リングスとパンクラスと揉めて、（97年10月11日『PRIDE・1』の）東京ドームで前田さんと高橋（義生）が鉢合わせになった時は、リングスの選手（山本宜久）が間に入ったって聞いてたからさ。あの当時、前田さんの付き人は誰？

高阪　その時はいなかったかもしれない。

安生　いなかったの⁉　ああ、選手じゃないからか。でも、危険な匂いみたいなのは感じなかったのかな？　周りにパンクラスの選手がいっぱいいて、俺なんかもいるなかで。

高阪　どうですかね。自分の試合が終わるまでは、リングスの選手もいっぱいいたし、和田（良覚）さんなんかも来てましたから。

安生　じゃあ、高阪くんの試合が終わって、病院に行ったあとの空白の何分間かだったんだな。俺も不思議だったんだ。絶対に止められると思ってたのに、簡単に近づけちゃったから。それで、あのバックステージは薄暗くて、俺も網膜剥離の手術したばかりだったから、メガネもコンタクトもできず、ほとんど視界ゼロの状態で。「近づいたら、たぶん誰かリングスの人が止めるだろうな」と思ったら、誰も止めないから、じゃあ、とりあえず……となっちゃったんだよな。

髙阪 その後、実は前田さんは自分と同じ病院に来られたんですよ。

安生 えーっ！ 同じ病院だったんだ。

髙阪 ちょうど、自分は眼窩《がんか》折れてたのが判明して、手術するかどうするかっていうのを医者と話している時だったんですよ。そこに前田さんが来られて。そんなことが起きたなんてまったく知らなかったから、前田さんがケガをされて病院に来てるのが、すごく不思議だったんです。

安生 「試合にも出てないのに、なんでケガしたんだ!?」ってなるよな。

「安生さんを殴りに行ってたと思います」

UFC－Jでの髙阪剛vsペドロ・ヒーゾ戦は、ヒーゾが強烈な右ストレートで髙阪の顔面を打ち抜きTKO勝ち。ダメージの大きい髙阪はそのまま病院に運ばれ、この試合終了後、リングス勢の多くは会場をあとにしていた。しかし、前田日明はマネージャーとともにそのまま全試合終了後まで会場に残っており、バックステージにいるところで安生の襲撃を受けてしまう。

これがもし、髙阪が勝利するか、病院送りになっていなかったら控え室にリングス勢が残っていた可能性が高かった。それであれば、前田が1人のところを襲撃されることもなかっただろう。まさに運命のいたずらのごとく事件は起こったのだ。

安生　あの時は、いろんな揉め事が積み重なって、直接試合で決着をつけようにもできないから、既成事実をつくろうと思ったんだよ。格の違いがありすぎるから、いくら俺が「試合やろう」って言ったところで、組まれるわけがない。もしリングスが乗ってきたとしても、グロム・ザザとか（イリューヒン・）ミーシャあたりと、ひと通りやらされちゃうから。それなら向こうが引けない状況をつくろうと。殴りかかって、そのまま乱闘になったら、「文句があるなら、オクタゴンでケリをつけようじゃありませんか」って言うつもりだったんだよ。それが、前田さんの周りに誰もいないから、一発で終わってしまって、自分の思いとは違う状態になっちゃったというね。髙阪がケガをしたから、リングスの選手がみんないなかったっていうのは、いま初めて知ったよ。

髙阪　いまは安生さんとこうして話せる関係ですけど、自分がもしその場にいたら、安生さんを殴りに行ってたと思います。

安生　そりゃあそうでしょう。自分のところの大将がやられたわけだからね。

髙阪　それで殴り合いになって、結局、自分と安生さんが試合していたかもしれない。

安生　俺が前田さんじゃなくて、髙阪とオクタゴンで決着をつける流れか。それは、いかにもありそうな展開だなあ（笑）。でも、あそこには高橋なんかもいたから、その場合、どんな揉め方をしたんだろう？

髙阪　あの時点ですでに自分は高橋さんと面識あったんですけど、もし自分が試合してなくてその場にいたら、たぶん「そんなの関係ねえ！」って、殴りに行ってたと思いますね。

そこに坂田（亘）さんなんかも加わって、もうグチャグチャになってたと思う。

安生　大乱闘に発展しちゃってたか。

髙阪　たぶん、もう誰が誰だかわからない状態で、グッチャグチャの殴り合いになって、血まみれになってたんじゃないですか。警察沙汰どうのこうの、考えずにやってたと思いますから。

安生　そうだよな。団体というものがあった時代ならではだな。

髙阪　でも、団体ってそういうもんだと自分は思いますね。

安生　俺と前田さんは個人的な揉め事だけど、ほかはみんな個人対個人じゃなくて、団体が揉めてただけだもんな。だから、その後はみんな一緒に練習するようになって、PRIDEという舞台でブームになったわけだからね。

髙阪　それこそ自分はそのあと高橋さんとも練習するようになったし、そこにサクがいて、金原さんがいて、藤田（和之）もいて、本当に団体は関係なくなりましたからね。

安生　そこには、俺も含めたいろいろ揉めた旧世代がいなかったからよかったんだな（笑）。次の世代にバトンタッチできてよかったよ。

「今だったら捕まるようなパワハラだとかセクハラもやった」（藤原）

対談6

藤原喜明×キラー・カーン

取材・文●堀江ガンツ

藤原喜明 ふじわら・よしあき●1949年、岩手県生まれ。72年に新日本プロレスに入門。新人時代からカール・ゴッチに師事し、のちに“関節技の鬼”と呼ばれる。84年に“テロリスト”としてブレイク。同年7月からは第一次UWFに移籍し、スーパー・タイガー、前田日明、髙田延彦らと、UWFスタイルのプロレスをつくりあげる。その後、新生UWFを経て、91年には藤原組を設立。2007年に胃がんの手術をするも無事生還し、今も現役で活躍中。

キラー・カーン きらー・かーん●1947年、新潟県生まれ。大相撲を経て、71年に日本プロレスに入門。73年、坂口征二らと新日本プロレスに移籍。76年から海外遠征に出発。世界各地を転戦し、80年にはWWF（現・WWE）に参戦。ボブ・バックランド、アンドレ・ザ・ジャイアントらと激闘を繰り広げ、一躍トップヒールに。85年にジャパンプロレスに参加し、全日本プロレスのリングに上がる。87年に引退したのち、「居酒屋カンちゃん」を経営。2023年12月、死去。

藤原喜明とキラー・カーン。ともに黎明《れいめい》期の新日本プロレス道場で同じ釜の飯を食い、しのぎを削り、のちに一時代を築いたレジェンド同士。しかし、そのレスラー人生は対照的だ。

カーンは早くからメキシコやアメリカ全土でヒールとして活躍。WWF（現WWE）では、何度もマディソン・スクエア・ガーデンのメインイベントを務めたのに対し、藤原は〝猪木の影武者〟と呼ばれ、道場での実力は認められながらも長らくスポットライトが当たることはなかった。

そんな立場の違いもあってか、藤原が1984年2月に雪の札幌で長州力を襲い〝テロリスト〟としてブレイクする前年、カーンと藤原のシングルマッチが〝不穏試合〟となったことが知られている。

それ以来、犬猿の仲と呼ばれた両者だったが、十数年前、藤原がカーンが経営する「居酒屋カンちゃん」を訪れたことを機に和解。2018年4月には、藤原の69歳の誕生日を祝うトークイベントをカーンの店で開催している。

この対談の数日前も、前田日明とのトークショーの帰りに、打ち上げとしてカーンの店を訪れたという藤原。四十数年来の恩讐《おんしゅう》を超えて、改めて両者のレスラー人生を語り合ってもらった。

前田選手も俺のことを尊敬している

藤原　どうも。また、この店に来ちまったよ（笑）。

カーン　4～5日前に前田（日明）選手と来たばっかりだよね。

藤原　新宿で前田とトークショーやったんだよな。近くまで来たから、打ち上げで寄ってね。

カーン　みんな若い頃はいろいろあっても、こうして来てくれるんだからうれしいよ。俺が嫌いなヤツは、向こうも来ないけどね。まあ、名前は出さずにおくけど（笑）。

藤原　何人か顔が思い浮かぶな（笑）。

カーン　前田選手なんかは、今でも仲いいよ。前田選手が若い頃、アメリカにいる俺のうちにわざわざ手紙を書いてよこしてくれたことがあって、びっくりしちゃったから。

藤原　あいつはいいヤツだよ。

カーン　プロレスラーのなかには、引退試合やってさんざんお金を集めておいて復帰するヤツが多いけど、前田選手は絶対にリングに戻らないからね。それは俺もそうだし、一応アメリカではトップになったからね。だからそういう部分で、前田選手も俺のことを尊敬しているみたいだね。

藤原　昔からクソ真面目で、融通が利かない部分があったけどな（笑）。「トンパチ」って呼ばれてたな。

カーン　それは（ドン）荒川と同じじゃない。荒川もいい男だったよ。俺は大好きだった。

藤原　俺も好きだったよ。

カーン　あれはみんなに好かれてた。

藤原　〝焚《た》き付け〟はよくやってたけどな（笑）。でも、基本的にはいい人だよね。

カーン　裏表がないしね。練習もよくやったし。
藤原　荒川さんはスタミナなかったけど、2〜3分なら最強だったね。
カーン　亡くなった時はびっくりしたよ。
藤原　あと前田は今日、ジョージ（高野）と対談してるらしいな。
カーン　ジョージは元気してるの？
藤原　元気だよ。俺も何年か前に会ったけど、ずいぶん太ったけどね。ただ、体質なのか太ってもカッコいい体をしてるんだよね。ボボ・ブラジルみたいな。
カーン　弟の俊二（高野拳磁）は練習しなかったけどなあ。カナダに行った時も、安達（勝治＝ミスター・ヒト）さんが頭抱えてたもん。「なんであいつ、あんなに練習しないんだ」って。
藤原　いいものは持っていたけどナマクラだったね。
カーン　兄貴のジョージのほうは真面目だったけど。
藤原　ジョージのほうはクソ真面目。
カーン　体は俊二のほうが大きかったからね。一生懸命頑張ればいいもの持ってたのに、でもダメだったね。ジョージは最初のスチュワーデスの奥さんとは離婚したの？
藤原　私生活はわからないけど、この世界、離婚が多いからね。
カーン　俺は女房と34年ぐらい会ってないけど、一応いまだに繋がってるから。だって嫌いじゃないから離婚することない。向こうも好いてくれてる。ただ、日本に帰ってきちゃったから、俺も生活するのがやっとだったけど、フロリダに住んでる女房と子供に毎月、お金を送ってたの。自慢するわけじゃないけど、3人子供がいるから毎月3000ドル送って大学まで行かせたから。だから俺自身はいまだに賃貸ですよ。貯金だってないよ。

藤原　大したもんだね。あれだけ稼いだのに。

カーン　あのカネ、どこにいったのかね？（笑）。

藤原　プロレスラーが稼いだカネは、使うかだまし取られるかで、結局なくなるんだよ（笑）。

カーン　ワハハハハ！　俺もさんざんだまされてコレ（懐に手を入れる）されたから。名前言ってやってもいいよ。

藤原　まあ、それは今度、飲みに来た時に聞くよ（笑）。

坂口より女房のほうが強かったから（笑）

藤原は新日本が旗揚げした72年の11月に入門し、そのわずか10日後にデビュー。一方、カーンは71年に日本プロレスでデビュー。73年4月に坂口征二、木村健悟、大城大五郎とともに新日本に移籍した。わずか半年の違いであるが、〝生え抜き〟と〝外様〟の間には、ライバル意識があったという。

藤原　俺は新日本が旗揚げした年の11月にデビューしたんだけど、カーンさんは翌年の春に日本プロレスから来たんだよね。尊敬する坂口（征二）さんと一緒に（笑）。

カーン　やめてよ、よく言うよ。でも、俺らは一生懸命練習したけど、坂口のおっさんは練習に来なかったよなあ。野毛《のげ》の道場に練習に来たの見たことある？

藤原 そういや、あんまりないかもな。

カーン 1回もないよ。家はいちばん近いのにね。試合はダラダラやるし、スタミナはないし、体は硬いし。あれで練習すれば強かったんだろうけど、坂口より女房のほうが強かったから（笑）。

藤原 おいおい、あまり人の悪口言うなよ（笑）。

カーン まあ、俺たちは途中から新日本に入った外様だったから、当然お互いライバル意識っていうのはあったよ。でも、仲はよかったよ。俺はどっちかと言えば、（一緒に日プロから来た）木村健悟とダメだった。

藤原 カーンさん、人の悪口な……（笑）。

カーン ワハハハ！　元から新日本にいたのとは、荒川真ともよかったし、みんな仲良かったよ。

藤原 栗栖（正伸）さんもまあいい人だよ、バカだけど（笑）。

カーン 飲んだら酒乱で、よく山本小鉄さんにひっぱたかれていたね。

藤原 でも、基本は善人だよね。

カーン 不器用だけど根がいいから。反対に木村健悟は要領がよくて、あまりみんなに好かれてなかった。

藤原 〝要領がいい〟とバレるのは、やっぱり要領が悪いんだよ。荒川さんが俺のこと言ってたよ、「お前よ、要領が悪い悪いと思われてたけど、いちばん要領がいいのはおめーだ」って。不器用に見させせといてちゃんとうまいこと生きているって。

カーン　みんな本音で付き合ってたからね。合宿所の頃は楽しかった。夢もあったしね。

藤原　メチャクチャな練習やったり、ケンカもしたけど楽しかったよ。今から考えれば精一杯やってきたし、何の後悔もない。

カーン　俺は山本小鉄さんを尊敬しているよ。厳しかったけど、俺らを強くして、ちゃんとしたレスラーにするために一生懸命やってくれたから。道場で、腹の上に3人乗っけてブリッジやったら「お前すごいな」って言われたから、調子に乗っていつもブリッジやってたら、おかげで首がガタガタになったけど(笑)。

藤原　おだてられるんだよな。俺だって今、スクワットやりすぎでヒザはボロボロ、ブリッジで首もボロボロ。寝ていても手がしびれたりしてね。困ったもんだ。

カーン　それでもあの時は楽しかった。一緒に練習で汗をかいて、終わったらちゃんこを食べてね。小鉄さんも竹刀を持って殴ることもあるけどね。そんなことはすぐ忘れちゃうよ。

藤原　今だったらパワハラだとかすごいことになるけど、ぶん殴られると俺はかわいがられているんだってことで、「ありがとうございました」とか言ってたもんな。バカだよな(笑)。

カーン　そういう時代だった。今は難しいね。学校の先生が生徒の頭にゲンコツ入れただけで大問題になるんだから。

藤原　先生も先生だけど、生徒も生徒だよ。「殴れるもんなら殴ってみろ、PTAに言うぞ」みたいな。嫌な世の中だよね。

カーン　俺も本当にそう思う。俺らが子供の頃に悪さしたら、近所のおじちゃん、おばちゃんにも「コラッ！　正志！」ってゲンコツくらったもん。

藤原　ましてやプロレスの道場なんて、練習をガンガンやって、酒もガンガン飲んで、今だったら捕まるようなパワハラだとかセクハラもやったし、それが全部許された時代だったんだよ。

カーン　今は学校の先生が自分の生徒の着替えやトイレを覗《のぞ》いたり、隠しビデオで撮ったりするんだから、おかしいよね。

藤原　俺たちも旅館の風呂で覗きはやったけどな（笑）。でも、ビデオを仕掛けたりとか陰湿なことはしなかった。遊びだもんな。

カーン　そういうのも含めて楽しかったよ。

藤原　今なら捕まるようなことが多かっただけでね（笑）。

「全日本はダメ、新日本が最強」って洗脳されてた

70年代の新日本といえば、最も全日本プロレスに対してライバル心をむき出しにしていた時代。藤原やカーンも当然、全日本に対する対抗意識を強く持っていたが、両者ともに全日本の総帥、ジャイアント馬場にかわいがられた時期があった。

カーン　でも、ホントに練習はよくやった。こんなこと言っちゃあ馬場さんに失礼だけど、

全日本より絶対にウチのほうが厳しい練習していたと思うよ。

藤原　馬場さんのところがどんな練習やってたか知らないけど、まあウチが一番という気概は持っていたな。当時の俺たちは洗脳されてたからね。「全日本はダメだ、新日本が最強」ってね。

カーン　小鉄さんが「馬場さんのところに負けたくない」と練習を厳しくしてたから。小鉄さんは負けん気強いもん。ただ、俺は日プロ時代、馬場さんにもよくしてもらったんだけどね。

藤原　同じ新潟出身で、同郷だもんな。

カーン　だから日プロ時代は小遣いももらったし、シャツとかネクタイピンなんかももらってね。日プロが潰れる時、本当は馬場さんのところに行きたかった。それで馬場さんとコンタクトを取ったら、馬場さんも「おお、来い来い」って言ってくれたんだけど、坂口のおっさんの付き人やってたから、結局、連れてこられる形で新日本に行ってね。

藤原　人生の分かれ道だったんだな。

カーン　あの時、自分に度胸があって、1人で馬場さんのところに行っていれば、また違った人生だったんだろうなと思うけど。まあ、そうしたら小鉄さんに鍛えてもらうこともなかったから、新日本に来てよかったのかな。

藤原　人生に答えはないんだよな。俺もずっと「全日本はダメ、新日本が最強」って思い込まされてきたんだけど、馬場さんにはかわいがってもらったよ。

カーン　そうなの？

藤原　馬場さんの晩年、全日本の札幌2連戦に呼ばれて出たんだよ。俺と荒川さんが組んで、馬場さんとタッグマッチをやらせてもらってね。それまで切符が全然売れてなかったんだけど、そのカードが組まれたら2日間超満員になったんだよな。それで試合が終わったあと、馬場さんに「お疲れ様です。ありがとうございました」って挨拶したら、「おう、これで一杯やってこい」って小遣いをもらってね。封筒の中身を見たら「1杯じゃなくて100杯以上は飲めるわ」ってぐらい入っててな。渕正信が「えっ、馬場さんから小遣いもらったの？」って驚いてたよ（笑）。あの人は、頑張った人にはくれるんだよな。

カーン　馬場さんはそういう人だよね。

藤原　それからしばらくして、「今度は後楽園ホールに出てくれ」っていう話が来たんだけど、結局、そこで話がなくなっちゃった。

カーン　何かあったの？

藤原　間に入った人がちょっとアレでね。『週刊プロレス』の元編集長なんだけど。ギャラを聞かれて「私はこれぐらいもらえたら」って普通の額を言ったら、ダメになって。たぶん、抜こうとして上乗せしすぎたんじゃない？

カーン　この業界、そんな話ばっかりだよ！　俺もジャパンプロレスに行く時、支度金で300万円もらったんだけど、本当はその何倍の額だったんだよ。永源遙に抜かれてさ。坂口にも抜かれたし。

藤原　まあまあ、その話は今度飲みに来た時にゆっくりな（笑）。まあ、私のたったひとつの自慢は（カール・）ゴッチさんにかわいがられ、猪木さんにかわいがられ、馬場さんにもかわいがられた。それは俺だけじゃないかな。

カーン 俺もゴッチさんにかわいがってもらったよ。フロリダに建てた家が、ゴッチさんの家に近かったから。

藤原 ああ、そうだったんだ。

カーン だからゴッチさんもよく俺の家に来て、メシ食ったり酒飲んだりしたし。休みの日はゴッチさんの家に行って、ガレージの車を出して、そこでずいぶん練習させられた。木にくくりつけた縄登りとかね。

藤原 やったなあ、縄登り。大木に船で使うようなロープをぶら下げてね。

カーン あの家は売ったのかな？

藤原 奥さんが亡くなったあと売ったんだよ。すぐ横に湖がある家でね。練習のあとに「泳げ、フジワラーッ！」って言われて一生懸命泳いだんだけど、しばらくしたらゴッチさんが「気をつけろ。ここの湖にはワニがいるぞ！」とか言って。俺が「うわ〜！」って慌てて泳いで逃げたら、ゴッチさん腹抱えて笑ってたよ（笑）。

カーン ゴッチさんは本当にいい人。新日本の道場にコーチで来てた時、俺なんか体がデカいから練習についていけなかったんだけど、「お前は体が大きいんだから、他のヤツと同じペースでできなくてもいい。お前は一生懸命やってるな」って認めてくれたからね。そりゃそうだよね。（グラン）浜田みたいな足が短いのと、俺がやるのとじゃ、スクワットだって全然違うんだから。ゴッチさんは、できなくても頑張ってやる人間が好きなんだよね。

藤原　そうそう。一生懸命頑張っている人には、たとえ才能がなくても丁寧に教えてくれる。できるのにサボったりするのが大嫌いなの。

カーン　だからゴッチさんは、関節技もちゃんと教えてくれたしね。自慢するわけじゃないけど、俺がアメリカでトップ獲れたのは、ゴッチさんや小鉄さんのおかげ。セメントが強くなかったら、当時のアメリカで生き残っていけないから。アメリカでは素人が挑戦してくるの。「キラー・カーンをやっつけた」っていうのを勲章にして、アメリカンドリームを掴もうとする、レスラーになりたいヤツが来てね。プロモーターも「やれ！」って言うから。

藤原　それは客前でやるの？

カーン　そう。マサ斎藤さんもジョージアのアトランタや、フロリダでやって、グチャグチャにしたらしい。アマチュアレスラーが来るのは意外と怖くないの。バックを取ったりするのはいいけど、そうしたら腕でも極めてやればいいから。ただ、ボクサーは顔面殴ってくるから怖い。こっちは慣れてないからね。

藤原　素人は、何をしてくるかがわからないのがいちばん怖いんだから。

カーン　で、そういう挑戦者が来ると、「腕が折れようが足が折れようがいっさい責任を負わせない」という誓約書にサインさせるの。そうするとだいたい逃げちゃうんだけど、1回逃げなかったことがあって俺もやらされた。腕を極めてやったら「ＯＫ、ＯＫ、わかった」って逃げていったけどね。アメリカでそういうことがあると、ビャーッと情報が全米に伝わるの。俺がセメント強いとかそういうのじゃなくて、それに負けなかったらレジエンドたちも一目を置く。そこで天狗になっちゃダメですよ。セメントが強くても、お客を入れられなきゃすぐ落とされるから。やっぱり、アメリカは厳しいですよ。

藤原 日本だって厳しいよ。俺がこんな年寄りでも呼んでもらえるのは、たぶんそういうことだから。

カーン 藤原選手は関節技がピカイチだったけど、ヘッドバットも本当に硬かったよね。鉄のコーナーポストにガンガンやっても平気な顔してたから。俺は見ていて「お前いいかげんにしろよ」と思った（笑）。

藤原 地方なんか行ったら、「プロレスラーはすごいな」って思わせるためには、自分の体を張るしかないんだよな。ぶっ壊れて、バカになってもしょうがないんだよ。

カーン 鉄柱に頭をガンガンぶつけて、お客さんは前で震えてたよ。

藤原 そうやって体を張って、客を満足させないとギャラはいただけないってことだよ。アメリカだって一緒だよね。

カーン アメリカだったら対戦相手を持ち上げることだって考えなきゃいけないし、バカではメインイベンターになれないんだよね。日本でもアメリカでもバカは上には上がれない。だけど、どこかの団体の2番手の人間は、バカでプロレスもできないけど、上に上げてもらってたけどね。

藤原 誰だろう？　見当もつかないな（笑）。

カーン 俺も名前までは言わないよ。ただ、頭文字がSだと言っておこう。

藤原 ダメだこりゃ（笑）。ただ、自分は真面目に一生懸命やってきてよかったなと思ってる。この間、アメリカから「関節技のセミナーで1カ月来てくれ」っていうオファーが来たからね。条件もよかったんだけど、「1週間ならいいけど、1カ月は無理だ」って断ったけどさ。この年になって、まだそういう話がくるんだから、それは誇りだよ。俺もこの先もう長くはないけど、俺の人生けっこう正解だったんじゃねえかなって、そういう時に思うもんな。

カーン　俺も「キラー・カーン、今年のレッスルマニアはフロリダのタンパでやるから来ないか？」っていう話が来たんだよ。この店もあるからね、どうしようか考えてるんだけど。俺がニューヨークにいた頃から、もう30年以上たってるのに、まだ忘れられてないのはうれしいことだよ。

天龍から8000万円でSWSに誘われた

カーンはジャパンプロレスを経て、87年から再びWWFと契約。ヒールのトップクラスの一角として活躍していたが、同年12月に突如引退。その後は日本に帰国し、スナックや居酒屋を経営。現在まで一度もリングに復帰していない。

カーン　今のプロレスは全然観ない。たまに夜中にテレビでやってるのを観てもつまんないんだよね。飛んだり跳ねたりばかりだし。この前、内藤（哲也）だったかな？　コーナーのトップロープとセカンドロープの間に寝そべって、髪型直してるヤツがいて、呆《あき》れ返ったもん。

藤原　それ、木戸修さんじゃないの？（笑）。

カーン　木戸さんじゃないよ！（笑）。でも、俺は飛んだり跳ねたりのああいうプロレスは嫌いだからね。新日本が、なんでこんなふうになっちゃったんだ？って思うよ。小鉄さんも亡くなったから、教えるのがいないんでしょう。

藤原　俺たちの世代は、猪木さんの「プロレスは闘いである」という教えを受けているからな。今ね、総合格闘技とプロレスを分けるでしょ？　でもプロレスだってすべて闘いなんだよ。それに総合格闘技って、もともと俺たちから来てるものだからね。

元をたどったら、日プロ時代にゴッチさんとか、大坪飛車角さんが、関節技をみんなに教えて。猪木さんが新日本を旗揚げしてその流れができて、それを俺が受け継いで、佐山（聡）とか前田が広めた。ずっと繋がってるんだよ。

カーン　俺は猪木のおっさんの練習に対する姿勢はいいけど、プロレスのやり方には納得いかない部分がある。谷津嘉章をアメリカから戻した日本デビュー戦で、スタン・ハンセンとブッチャーに血だるまにさせたでしょ？　そこで谷津に反撃させればいいのに、猪木のおっさんが助けに入って、自分だけいい格好してるんだから。あれには、なんでいつもいい格好したいんだろうって、頭にきたけどね。

藤原　でも、トップがいい格好しないと客は入らないんだから。しょうがないよ。

カーン　わかるけどさ、谷津の扱い方ももうちょっとあるでしょ。オリンピックまで出た人間がプロレスに入って、凱旋帰国してるんだから。

藤原　谷津はちょっとプロレスに対して不器用だった。強かったかもしれないけど、アマチュアとプロレスは違うからね。

カーン　あと、前田が長州の顔面を蹴って（87年11月19日、後楽園ホール）新日本をクビになったでしょ？　でも、猪木のおっさんだって、グレート・アントニオの顔面蹴り上げて、鼻を折って血だらけにしてるじゃない（77年12月8日、蔵前国技館）。グレート・アントニオが弱かったにしろ、何であいうことができるんだろうと思って。

藤原　グレート・アントニオって、すっごいバカだったんだよ。猪木さんに言ったらしいよ。「（モハメド・）アリとやるよりも俺とやるほうが客がいっぱい入るぞ」みたいなことを。そうしたら猪木さんがカチンときて、「この野郎、何を勘違いしてるんだ！」ってやったらしいよ。

カーン　変なヤツではあったけどね。あの頃は、もうホームレス寸前だったんでしょ？

藤原　実際どうだったか知らないけどね。それを言うなら、俺らだって一緒だよ。プロレスラーなんて人生綱渡りだから、ちょっと間違えばホームレスの可能性もあるよ。

カーン　俺だって実際にホームレスになる可能性があったんだよ。アメリカから帰国して、俺が新宿区の中井で店（「スナックカンちゃん」）をやってた頃、天龍源一郎から「話がある」って電話がきたんだよ。「電話じゃ話せない」って言うから、あいつの世田谷の家まで行ったら、「メガネスーパーの社長がスポンサーになってくれて団体を興すから、若い者が育つまで手伝ってくれ」って言うんだよ。「店をやったままでいいし、若い者が育ったらそのカネでちゃんこ屋をやればいいだろ」ってね。それで俺の目の前に８０００万円置かれた。あと、６０００万円までのマンションも買ってあげると。正直、目の前のカネが欲しかったよ。俺は人から借金して店をやってたから、そのカネがあれば払えるなって。でも、俺はやらなかった。

藤原　なんでやらなかったの？

カーン　俺は長州力がカネに釣られて新日本に戻った時（87年）、あんなヤツと同じ業界にいるのが嫌になって引退したんだよ。その時、ニューヨークでスケジュールがびっちり入ってて、毎回、ハルク・ホーガンとメインイベント。だからビンス（・マクマホン）からもさんざん引き止められたけど、「俺はもう引退するから」って、契約がまだ残ってたけど破棄してもらったんだよ。でも、俺がメガネスーパーで復帰したら、ビンスに嘘をついたことになる。まだ契約があるのに「引退する」っていう条件で辞めさせてもらったのに、他に復帰したらビンスは怒って裁判を起こす可能性があった。

藤原　向こうは訴訟社会だもんな。

カーン　そうなったらビンスは大金持ちで、こっちはお金なんかないんだから、勝てってこない。数カ月分のストーリーを潰した損害賠償で何十億って請求されたら、フロリダの家も取られて破産。一家離散で俺はホームレスだよ。

藤原　最悪、そうなってた可能性もあったということか。

カーン　だから俺は目の前のカネに手を出せなかった。8000万円あれば、店の借金も返せるし、おふくろにも親孝行できると思ったんだけどね。おふくろは、女手ひとつで俺たち兄弟3人を育ててくれたんだよ。豆腐を一丁買ってきて、4つに切って俺たちとおじいちゃんで分けて、おふくろは食べてないの。子供の頃、おふくろに「なんで食べないの？」って聞いたら「お母さんは豆腐なんか食いたくないんだよ」って言ってね。それで何を食べてるのかと思ったら、畑から持ってきたキャベツを湯通しして酢醤油かけて、それをおかずにご飯食ってた。

そのおふくろに、俺は小遣いすらあげられなかったんだよ。借金しながら、ギリギリで店やってたからね。それでも1回、20万円持っておふくろに渡そうとしたんだけど、受け取らなかった。「子供が大事なんだから、うちは薬屋やってなんとかなるんだから」って。メガネスーパーの8000万円があれば、おふくろに家を建ててあげられるなと思ったけど、ビンスに訴えられたら大変なことになると思って行かなかったんだよ。

藤原　いい話だよな。

カーン　でも、おいしい話だった。WWFをああいう辞め方してなかったら、飛びついてたよ。

藤原　カーンさんさあ、俺たちケンカしてた時期もあったけど、すごい好きになったよ。

カーン　ああ、そう？（笑）。

藤原　生き方が不器用だし、ハッキリ言えば「バカ」って言うヤツもいるかもしれないけど、そういう人間のほうが俺は好きだよ。

カーン　俺はおふくろから「嘘ついちゃいけないよ、人をだましてはいけないよ、人を信用しなさい」って言われて育ったからね。8000万円を逃したのは悔しいけど、それでいいと思うんだ。

藤原　俺は今まで、カーンさんを半分好きだったけど、半分嫌いなところもあった。でも、この話を聞いたら100パーセント好きになった。すごいバカじゃん。バカなところがすごい男じゃん。

カーン だから俺は、どんなにカネ積まれても復帰はしない。ただ、お客さんに結構言われるんですよ。「カーンさん、引退興行をやってないですよね？　引退興行やりなさいよ、引退興行を最後にやるなら私たちみんな行きますよ」って。たしかにね、もし2～3年後まで生きていられたら、引退興行をやって、それでアメリカに帰ろうかなっていう気持ちもないわけではない。向こうに子供がいるからね。

藤原 じゃあ、やりなよ！

カーン でも、引退興行やるって言ったって裸になれる体じゃないよ。

藤原 いやいや！　きったない体でも、70歳すぎても裸でリングに上がるのがいいんだよ。「お前らにはできないだろ？」って、ありのままの姿を見せればいいんだよ。

カーン まあ、それまで生きてられるかわからないけどね。この間、ミスター高橋さんと話したんだけど、今入院してるんだよね、心臓を悪くして。

藤原 高橋さん、何歳になったの？　たしか、昭和15～16年生まれだよね？

カーン もう80歳近いよ（現在79歳）。この間、誕生日だったんだよね。前田選手と一緒の誕生日なの。心臓は前からよくなくて、一度入院したって言ってたな。

藤原 昔だったらとっくに死んでるよな。俺だってそうだよ。胃がんやってるんだから。

カーン 前に、腹の手術痕見せてもらって、びっくりしちゃったよ。

藤原 胃袋半分取ったからね。もう12年前かな。

カーン　12年たったならもう大丈夫だね。

藤原　ただ、がんができやすい体になってるから半年に1回は検査してるよ。カーンさんも、その年で元気でいられて、すごいラッキーだよ。

カーン　今は元気だよ。一時期糖尿病で、インシュリンを打ってたけど、それもなくなったから。

藤原　その年でこれだけ元気でおかしいよ。大きい人は早死にする人が多いんだから。こんな年まで生きてちゃダメだよ（笑）。

カーン　生きてたっていいじゃないの（笑）。坂口のおっさんだって生きてるんだから、先には逝けないよ。

藤原　そりゃあ、張り合いになるな（笑）。でも、カーンさんは、商売して毎日働いてるから若いんだよ。

カーン　それは絶対ある。動かなかったらダメ。この間もおばさんたちがグループで店に来てね。「おいしい、おいしい」って食べてくれたんですよ。「でもいちばんおいしいのが売れないんですよ」って言ったら、「えー、食べたいな。それちょうだい」って言うから、「私です」って言ったら大笑い。

藤原　そういうしょうがない話が元気の秘訣だな。これはしばらく死なないわ（笑）。

カーン　今日は対談ができてうれしいよ。藤原選手とはもともとすごく仲はよかったんだよね。一時期ギクシャクしたことあったけど、それはお互いにライバル意識があったから。俺は木村健悟にはライバル意識なんかないもん。だから張り合おうともしない。

藤原　要するにライバル意識とはどういうことかと言うと、相手を認めていたということ。

カーン　そういうことだね。負けたくないという気持ちがあるから、ケンカもするんだから。若い頃はそれがとくに必要。「藤原の関節技はすごいかもしれないけど、俺だってゴッチさんに習ったんだ」っていう気持ちはあったもん。

藤原　マディソン・スクエア・ガーデンのメインイベンターに「ライバル意識を持ってた」って言われるなんて、すごい名誉だよ。

カーン　あと、これは言ったことないけど、藤原選手は相撲が強かった。相撲取りになれば、幕下から取れると思ったもん。

藤原　そんなに強かった？

カーン　俺は元相撲取りだからわかる。野毛の道場で練習した時、強いと思ったもん。一度、坂口さんとも相撲取って、その時は負けたんだけど、「これ、次は勝てるな」って思ったな。

カーン　だから、プロレスだけじゃなく、どんな格闘技をやっても強かったと思うよ。

藤原　褒めてくれてありがとう。カーンさんが初めて好きになったよ（笑）。

カーン　さっきから、何度も好きになったって言ってるじゃない（笑）。でも、こうやって笑いながら話ができるのは、認め合ってるからですよ。また名前を出して悪いけど、木村健悟と対談するのは無理だよ。俺は断るよ。

藤原　カーンさん、今日はなんだか気が合うね（笑）。

カーン　やっぱり気の合うヤツと話すのがいいね。気の合わないヤツと話するのは、その場にもいたくない。

藤原　残り少ない人生、嫌いなヤツと会いたくないもんな。あんたはすごいプロレスの天才で、運命にも恵まれてた。そして俺も俺なりにいい人生、いいポジションでいられて、今日はこうして一緒に飲めた。それが幸せってことだよな。

カーン　いろんなことがあったけど、いい人生だったと言えるのがいいよね。

藤原　最後の最後は「いかに正直に生きてこられたか」だよ。

カーン　そういうことだよね。人に後ろめたいことをやってたら、誰もこの店に来ないよ。俺は後ろ指さされるようなことしてないから、堂々と店に出られるんですよ。

藤原　俺が初めて、歌舞伎町にあった店に行った時、カーンさん言ってくれたよな。「俺は、お前が来てくれたことがいちばんうれしい」って。

カーン　そうそう。あれは本心。ケンカしたこともあったけど、それはライバル心があったからで、もう過去のこと。お店に来てくれたら「あー、久しぶり！」ってなるし、藤原選手はそのあと、ウチの店でトークショーもやってくれたんだから、最高ですよ。

藤原　安く飲ませてもらっちゃって、かえって悪かったなと思って。

カーン　いやいや、来てくれたことがうれしいんだから。逆に、俺に対して後ろめたい思いがある人間は店に来られないですよ。そういや、猪木、坂口のおっさん、新間（寿）、大塚直樹、長州も来たことないなあ（笑）。

藤原　まあ、その話は次に飲みに来た時にゆっくり聞くよ（笑）。

83年6月2日、第1回IWGP優勝戦と同日に蔵前国技館で行われたアンドレ・ザ・ジャイアントvsカーン戦

「WJで長州さんと和解したでしょ。俺、本当はうれしかった」(谷津)

対談7 谷津嘉章×越中詩郎

取材・文●金崎将敬

谷津嘉章 やつ・よしあき●1956年、群馬県生まれ。日本大学レスリング部時代に全日本学生選手権4連覇を成し遂げ、全日本選手権でも優勝。76年のモントリオール五輪出場。80年、新日本プロレスに入団。翌81年の蔵前国技館大会にて、猪木とのタッグでスタン・ハンセン&アブドーラ・ザ・ブッチャー組を相手に日本デビュー。83年に長州力率いる維新軍入り。84年、ジャパンプロレスの一員として全日本プロレスに参戦。90年にSWSへ移籍。2002年からWJに参加したが翌年退団。19年6月、糖尿病のため右足を切断。20年の東京五輪・聖火ランナーに選出された。

越中詩郎 こしなか・しろう●1958年、東京都生まれ。78年、全日本プロレスに入団し、79年3月にデビュー。メキシコ遠征中の85年、全日本を退団し、新日本に移籍した。86年、新日本に戻った髙田延彦ら、第一次UWF勢と名勝負を演じて人気を獲得。ヘビー級転向後の92年、反選手会同盟（のちの平成維震軍）を結成し、99年の解散までリーダーとして活躍した。03年、契約満了により、新日本を退団し、長州力の立ち上げたWJプロレスに入団するが、同年退団。現在はフリーとして活躍。「ド演歌ファイター」と呼ばれているが、本人はビートルズの大ファン。

1976年、モントリオール五輪にレスリング日本代表として出場した谷津嘉章。80年のモスクワ五輪でも代表に選ばれたものの、日本は参加をボイコットし、不本意ながら新日本プロレスに入団。「幻のメダリスト」と呼ばれ、鳴り物入りでプロレス入りした谷津は、同年12月にニューヨークのマディソン・スクエア・ガーデンでデビュー戦を飾った。

一方、越中詩郎は、78年7月に全日本プロレスに入門。翌79年3月にデビュー。今回の対談オファー時、「谷津さんは先輩だから」と言っていた越中だが、実はプロレスデビューは越中のほうが早かったのだ。

業界では越中くんのほうが大先輩

越中 (記者に向かって) えーっ、そうなの?

谷津 そうだよ。三沢 (光晴) だって、俺よりも早いんだよ。

越中 えっ、谷津さん、三沢のあとなんですか?

谷津 ちょっと向こうのほうが早いかな (正確には、三沢のデビューは81年8月なので、これは谷津の記憶違い)。だから、業界では越中くんのほうが大先輩。詩郎ちゃんが「えーっ!」って思うのは、俺の態度がデカいからだよ (笑)。

越中 それは違いますけど (笑)、そうでしたか。谷津さんと同い年のプロレスラーは誰ですか?

谷津 いや、同い年っていうのはいないんですよね。ただ、平田ジュン (淳嗣) ちゃん、彼とは同じかもしれないね (平田のデビューは78年8月だが、63歳なので谷津と同い年)。あんまりいないんだよな。俺は新日本の寮住まいも経験しないまま、入って、いきなりアメリカに行っちゃってるしね。

越中　マディソン・スクエア・ガーデンでデビューした人なんて、いないですよ。その時は藤波（辰爾）さんもアメリカにいたんですか？

谷津　藤波さんはデビュー戦の時じゃなくて、翌年にニューヨークに遠征してきて、マディソンで俺とタッグを組んだ（81年6月8日）。まあ、俺自身はアマレスから入ってきてたから怖かったよ。「プロレスって何をやるの？」「プロレスってなんなの？」って。全然わかんねえんだもん。そんなんでいきなりデビュー戦だなんて、無謀だよね。ただ、マディソンは、すり鉢状になっててピンを当てる照明がリングに向かってるだけ。だから客席は真っ暗で、そこまであがらなかったのが救いだった。蔵前国技館での国内デビュー戦（81年6月24日、猪木&谷津vsスタン・ハンセン&アブドーラ・ザ・ブッチャー）のほうがあがったもん。詩郎ちゃんはどこでデビューしたの？

越中　千葉の館山ですね（79年3月5日、館山市民センター。vs薗田一治）。でも、当時、全日本はバトルロイヤルを毎日のようにやってたでしょ。あれは（グレート）小鹿さんが、どこかからスポンサーを捕まえてきて賞金をもらって、「じゃあ、今日はバトルをやるぞ」って賞金をかけて始まるんですよ。だから、バトルには入門して2カ月くらいで出てるんですよね。

谷津　自分がまだプロレスをやってなかった頃、「越中詩郎と、三沢はいい試合をやるぞ」っていう話はよく聞いていたんですよ。全日本のなかでいい試合をやってるっていうんで、「ああ、三沢、よかったな」と思ってね。レスリング部（足利工大附属高校・当時）の後輩だから、三沢は。ただ、「越中詩郎って、どんなヤツなんだ?」って（笑）。

全日本のレスラーと長州さんは手が合わない

83年4月、全日本で若手の登竜門とされた「ルー・テーズ杯争奪リーグ戦」で三沢光晴を破って優勝した越中は、翌84年3月、三沢とともにメキシコ遠征へと旅立つ。しかし、2代目タイガーマスクになるため、三沢だけが日本に呼び戻され、越中はひとり異国の地に残された。

その頃、谷津は長州力率いる維新軍の一員として活躍。84年に新日本を退団して全日本へと主戦場を求めた長州らと行動をともにし、同年12月12日にジャパンプロレス軍団の一員として、全日本マットに初登場を果たす。

かたやメキシコで孤軍奮闘を続けていた越中は、古巣に戻ることなく新日本への移籍を決意。85年8月1日に、新日本の両国国技館大会のリング上で入団挨拶を行っている。この時点では、まだ越中と谷津の間に接点は生まれていない。

越中　メキシコには、谷津さんも行かれてるんですよね?

谷津　行ってるよ。78年に、レスリング世界選手権のメキシコ大会でね。そこで猪木さんとも会ってるから（笑）。

越中　谷津さんたちの昭和維新軍っていうのは何年続いたんですか?

谷津　新日本でやってたのは3年くらいで、そこからジャパンでも引っ張っていったじゃん。だから5年くらいは、やったんじゃないですか。ジャパンは87年の3月に全日本との契約を解除して独立を目指すはずだったのに、長州さんたちは新日本に戻っちゃったからね。詩郎ちゃんと長州さんとの出会いも、彼が新日本に戻ってからでしょ？

越中　そうですね。でも、その前に1回、札幌で会ってるんですよ。普通、あの頃の新日本と全日本の興行って日程がバッティングしないじゃないですか。それが、なぜか知らないけどバッティングして、東スポかどこかの記者に「長州さんが、どこどこで飲んでるから顔を出さないか？」って言われて。で、マスコミの人と一緒に行ったら、１人で飲んでたんですよ。谷津さんは、なんで全日本に残られたんですか？

谷津　俺が残ったというより、長州さんたちが出て行った。その一番の決定打はやっぱり、全日本のレスラーと長州さんは手が合わないんだよな。馬場さんのスタイルと。それをうまく合わせてくれたのが天龍（源一郎）さん。ジャンボ（鶴田）にしたって長州さんとは合わないんですよ。余裕こいて「オー！」とかやってるわけでしょ、ジャンボは。こっちは必死になって試合してるのに、ジャンボは「オー！」ってやってて（笑）、あの男はスタミナがすごくあるから。それでいて、新日本みたいに悲壮感がないからね。一生懸命にやってるんだけど悲壮感が伝わってこないからもったいなかったなあ。

越中　でも、それはあれですよね。ジャンボさんが飛び抜けてたからですよね。

谷津　そう、そういうこと！

越中　ねえ。あんな日本人はいないですよね。

谷津　いないよな。

ドブネズミみたいに生きてきた

新日本に出戻った長州と袂《たもと》を分かつ形で全日本に残った谷津だったが、90年に新団体SWSが旗揚げされると、全日本と契約期間中にもかかわらず離脱し、SWSへ移籍。全日本からは天龍を筆頭に、石川（敬士）、ザ・グレート・カブキなど、新日本からはジョージ高野や佐野直喜（現・巧真）らがSWSへ移籍した。

しかし、92年5月に谷津はSWSを退団。93年に社会人プロレスSPWFを設立。同時期、越中は小林邦昭らと結成した反選手会同盟（のちの平成維震軍）の大将として暴れ回っていた。

そんななか、94年に入ると、唐突に谷津が新日本の「第4回G1クライマックス」に参戦。ここで接点が生まれるかと思いきや、谷津がAブロック、越中がBブロックだったため、対決の機会は生まれず。面白いくらいに、ことごとくすれ違う2人だったが、翌年、ついに肌を合わせることになる。越中率いる平成維震軍の自主興行シリーズの主軸として、長州率いる昭和維新軍との抗争がスタートしたのだ。

谷津　その頃には、インディー（SPWF）の自分と違って、詩郎ちゃんはすっかり新日本で有名人になってたからね。俺がテレビで試合を観た感じでは、詩郎ちゃんは全日本でもなく、新日本でもない、独自のスタイルを持ってたから、たぶん（試合を）やりやすいんだろうなと思ったの。髙田（延彦）や前田（日明）とくらべたらそこまでアクもなく、たぶんやりやすいタイプだろうなって。だから俺個人は、やってみたいと思ってた。

越中　そうだったんですか。

谷津　でも、こっちはインディーだし、試合することもないだろうなと思ってたら、この業界ってわかんないんだよな。長州さんに「おい、お前、ちょっと頼むよ。お前は昭和維新軍だよ」って言われて。それで詩郎ちゃんとやってみたら、案の定、思った以上に手が合ったよね。シングルも福岡ドーム（94年5月1日）かなんかでやったよね？　あの時、俺は負けたけどな。結構いい試合だったんですよ。

越中　谷津さんとのシングルは、その1回だけですよね。

谷津　うん、その時だけだね。でも、自分らが新日本でお世話になった頃と、そのあとの新日本ではまた感覚がちょっと違ってね。もっと巨大化してた。ドーム興行も、しょっちゅうやってたでしょ。

越中　全部の試合が満員御礼でしたからね。でも、谷津さんがいた時の新日本もすごかったですよね？

谷津　すごかったけど、それほど多く興行は打ってなかったよ。そこまでの大会場でもやってなかったし。

越中　僕がいた時の全日本は150〜175大会、新日本に行ったら200〜230大会やってましたからね。家に5週間帰れないんですよ。

谷津　そんなやってたの？　すごいな（笑）。自分がやってた頃で160大会だからね。

で、ジャパンになって全日本でお世話になった時でも最高で190いくつだからね。230っていうのは半端ないね。

越中　バスが3台あって、飛行機、新幹線、JR、ありとあらゆるものを使って移動してましたよ。ある時は羽田空港に行ったり、ある時は東京駅に行ったり。いまみたいに全部バスじゃないんですよ。じゃないと間に合わないというか。西からずっと上がって興行を組んでいければいいけど、体育館の事情もあるからそう都合よくは取れないじゃないですか。そんな感じで、5週間やったら移動日は1日だけとかで全部試合をやってましたよ。それで全部が満員ですから。その合間にドームもやって。

谷津　だから、猪木商店から株式会社猪木みたいになった感じでね。インディーの俺からしたら、合理的に仕事をやってた新日本をうらやましいなと思ったね。あの当時の新日本は三本立て映画みたいな感じで、要するに闘魂三銃士がいて、長州さんや藤波さん、詩郎ちゃんたちがいて、そして、猪木さんがたまに上がるくらいでさ。ジュニアもあったし、若手も結構勢いがあったしね。

越中　でも、あの昭和維新軍との抗争があったおかげで、俺は谷津さんが引退するって言った時のシリーズ（2010年。谷津が一度目の引退をしたデビュー30周年の自主興行ツアー）に呼んでもらいましたからね。

谷津　俺はメガネスーパーを出て、SPWFの頃からがいちばん大変だったからね。ドブネズミみたいに生きてきたけど（笑）、結果的には、なんだかんだでSPWFが終わって引退試合をやった時に詩郎ちゃんが来てくれたから、俺はホントに「ありがとう！」って、あの時思ったよ。新日本でデビューして、ずっとプロレスをやってきて、やっぱり自分のひとつの軌跡ですよね。たっつぁん（藤波）にも俺はそう思ってるよ。

あの時、長州さんにもいろんな人を入れて間接的に来場を頼んだんだけどね……。ダメだったね。

長州さんは嫌いじゃない。向こうが俺を嫌ってる

谷津と長州の関係は複雑だ。長州に誘われるがまま全日本へ行くも、結果的に新日本に戻った長州と、全日本に残った谷津。時を経て、のちに平成維震軍との抗争が始まると、谷津は長州に請われて昭和維新軍の一員として長州と再び共闘。しかし、いつしか没交渉となってしまう。邂逅《かいこう》は二度とないかに思われたが、2002年、長州がWJプロレス設立を発表すると、谷津はまさかの所属選手第1号としてWJに参加。三度、長州と交わることになる。

そして、翌03年には、契約満了で新日本を去った越中もWJへ移籍。谷津と越中の人生も、ここで再びクロスする。

谷津　あの時、俺は長州さんと和解したでしょ。うれしかったんですよ、本当に。今でも思うけど、俺はあの人のことは嫌いじゃないんだよ。向こうが嫌ってるから手が合わないけど。今だってそんなふうに思ってるんだけどね……。さっきも言ったように俺はSPWF以降は波乱万丈だったけど、その反面、俺はプロレスがあるから生きてこられたとも思

うんですよ。谷津の名前でチケットが売れるんじゃなくて、プロレスがあるから生活できるんだっていう世界で生きてるから。ある意味ではかなり悔しがった頃もあったし、カネもなかったり、そういうことを俺はプロレスラーでいながらもね、武士は食わねど高楊枝みたいなところがあったから。俺はＷＪにいた選手では、今でも詩郎ちゃんとは何の隔たりもなく付き合わせてもらってるけど、あとは永島（勝司）のオッサンくらいですよ。今もしょっちゅう連絡が来るんだから。「やっちゃん、飲みに行こう！」って。

越中　あ、そうなんですか？

谷津　「新橋？」「そう、新橋！」なんて言ってさ。「やっちゃん、払ってくれよ！」って、よく片足のない障がい者に「奢《おご》れ」なんて言うなと思ってさ（笑）。

越中　そういえば、谷津さん、東京五輪の聖火ランナーに決まったんですよね？

谷津　うん、栃木県内を走る著名人ランナーのひとりでね。

越中　今日会って思いましたけど、これだけの大病をされても元気でいられる。普通はできないですよ。谷津さんはすごいです。

谷津　俺も、こうして詩郎ちゃんと対談できてうれしかったよ。詩郎ちゃんは人間性も隔たりなく付き合ったりするから、そのぶんだけストレスが溜《た》まってるんじゃないかって、俺はいつも思ってるんだけど（笑）。

越中　いえいえ（笑）。聖火ランナー、頑張ってください！

対談8

安田忠夫×草間政一

「猪木さんは猪木事務所の人間にだまされてることを知っていた」(草間)

取材・文●ジャン斉藤

草間政一 くさま・せいいち●1950年生まれ、東京都出身。下着メーカー、トリンプ・インターナショナル・ジャパンの財務部長を経て、米国企業やヴェルサーチ、日経新聞社が買収したFinancial Timesの親会社である英ピアソンの日本での経営に携わる。その手腕からアントニオ猪木に請われて経営顧問を務める。2004年6月、藤波辰爾から新日本プロレスの社長職を引き継ぎ、会社の古い体質や財務を改善し、黒字化に成功するが、05年5月に辞任。10年にはハッスルのCEOに就任し、プロレスラーデビューも果

安田忠夫 やすだ・ただお●1963年、東京都生まれ。「孝乃富士」の四股名で大相撲・九重部屋に所属。双羽黒（北尾光司）、寺尾、小錦らとともに「花のサンパチ組」（昭和38年生まれ）と称され、小結まで上りつめる。93年、新日本プロレス入門し、同年6月に馳浩を相手にデビュー。その後、アントニオ猪木が総合格闘家への道を開き、2001年の大晦日にジェロム・レ・バンナを破る大金星をあげる。しかし、傲慢に見える試合ぶりと私生活の乱れから05年に新日本を解雇される。フリーとして各団体を渡り歩いた末

安田忠夫と草間政一は新日本プロレスから同時期に放逐された者同士であるが、この2人は険悪な関係にあったとプロレスファンに認識されている。借金王・安田忠夫は度重なる素行不良により2005年1月、デビュー当時から所属していた新日本をクビになった。その断を下したのは当時の新日本社長・草間政一だったといわれているからだ。

草間は当時の新日本オーナーだったアントニオ猪木から、同団体の財政改革を依頼され、代表取締役社長の座に就任。無駄な贅肉《ぜいにく》がつきまくっていた組織の改造に着手した。安田忠夫の首切りもコストカットの一環に見えるが、実はこの解雇劇は草間の手によるものではなく、新日本関係者の謀略だったという。いったい何が起きていたのか。

のちに草間も代表の座から引きずりおろされることになるが、新日本から追われた2人の対談から新日本が崩壊していく様を振り返ってみたい。

俺をクビにしたのは上井（文彦）さんですよ

安田　よく言われるんですよ。「安田さんって草間さんにクビにされたんですよね？」って。でも、実は全然違うんだよね。そもそも草間さんとは会う機会もほとんどなかった。

草間　契約更改の時くらいだよね。しかも1回やったあとに新日本からいなくなったでしょ。実際はちゃんと契約は結んでいてクビじゃなかったんだけどね。

安田　俺をクビにしたのは上井（文彦）さんですよ。

草間　上井はマッチメイカーで現場を仕切っていたね。

安田　本当にひどいヤツだった。あの裏側はさ、みんなよくわかってない。そもそも俺は草間さんがどういう経緯で新日本の社長になったのかよくわからないんだけど（笑）。

草間　最近亡くなった猪木さんの奥さん、いるでしょ。ズッコさん。俺が昔レスリングをやってた関係からズッコさんと知り合って。ズッコさんは猪木さんと一緒にいるから、猪木さんがどれくらい仕事をやってるかわかるので何かおかしいことに感づいてたんだよ。「猪木さんのお金がごまかされてる」「猪木事務所の人間があんな高級時計してるのが危ない」とね。

安田　猪木事務所の人たちは高級車も乗り回していたからね（笑）。

猪木事務所とは猪木や藤田和之らをマネジメントする個人事務所だった。新日本のオーナーである猪木、PRIDEで一躍ブレイクした藤田を擁していたことで猪木事務所の新日本に対する発言権は増していた。新日本は猪木事務所の言いなりになることもしばしばだった。

草間　それで猪木さんから「カネの動きを調べてくれ」って依頼が俺にきたわけ。猪木事務所だけではなく新日本のほうも調べていたら、ある日、猪木さんが「藤波（辰爾）の代わりに誰か新日本の社長をやらなきゃいけない」という話になって。本当は猪木さんがやればいいんだけど、そうしたら「武藤（敬司）のガキと一緒じゃ嫌だ」って言い出したんだよ。どういうことかといえば、あの頃は武藤さんが全日本プロレスの社長だったでしょ。「俺のほうが武藤より立場は上なのに、同じ社長なのはおかしい」って嫌がるんだよ（笑）。

それで俺が新日本の社長をやってくれって言われたのよ。

安田 会社（新日本プロレス）が上場するっていう話もあったんですよね？

草間 そうそう。上場するには会社をちゃんとしなきゃいけない……っていうことでいろいろやってたのよ。

安田 でも、絶対に上場はできなかったでしょ。今は親会社が変わったからできるかもしれないけどさ。

草間 うん。あのね、あの業界のままはできないんだって。だから俺がいろいろとやろうとしたんだけどね。

上井から「よく自殺する人だ」って聞いてたよ（笑）

草間が社長に就任した当時の安田は、今は亡き星野勘太郎率いる魔界倶楽部の構成員のひとりだった。魔界倶楽部は新日本の本隊と敵対するヒールユニットである。

草間 初めて会ったのっていつだろう？

安田 会場かどっかですよ。だって俺らはヒールだから本隊とは移動も別で普段は全然会わないでしょ。上井さんから俺の情報を聞いて「性格が悪くて働かないヤツ」としか思ってないでしょ？（苦笑）。

草間 なんか「よく自殺する人だ」って聞いてたよ（笑）。

安田 えーっ⁉　上井はホントにひどいヤツだなあ。その時はまだ自殺未遂はしてないよ。

草間　えっ、1回くらいやらなかった？　だってビルの上から落ちちゃうとか言ってるとか聞いてたよ。

安田　やってないですよ。それって俺が新日本をクビになってからですから。全部作り話ですよ。

草間　あれ、作り話なの？

安田　なんかすぐに他人のあることないこと言うんですよ。上井はそういうヤツですよ。

草間　ちゃんと話をしたのは契約更改の時だよね。

安田　ですよね。いい契約をしてくれたんですよ。1試合いくらで年間何十試合は使うっていう内容で。50試合は保証してたんですよ。

草間　そうそう。でも、本当は50試合は出さなきゃいけなかったのに現場のほうで使わなかったから。

安田　契約したのに1試合も呼ばれなかったんですよ。ずいぶんひどい話で俺も「ふざけんな！」って思ってたから（笑）。だから当時の俺に考える頭があれば新日本を訴えることができたんですけど、もうどうでもよくなってたから。それに現場の話なんか、あの当時の草間さんには関係ないですもんね？

草間　マッチメイクは上井が決めてるから、こっちが契約してもそのとおりにやらないいんだよね。実際に上井が使うかどうかは別。まあ、会社がどういう契約を結ぼうが現場からアーダコーダ言われないいんだけど。全体の予算からプロ野球のように一人ひとり査定してたから。

安田　俺はけっこうなギャラだったんですよ。1試合も組まれなかったけど（苦笑）。

草間　なんで上井とそんなことになっちゃったの？

安田　使いづらいと思ったんじゃないですか。たとえば、あの当時って中邑（真輔）を応援するヤツがいなかったんですよ。まだ新人だった中邑を上で使うから、みんなが中邑のことを気に入らなくて。だけど俺が中邑と組めば、そんなに変なことはされないだろうから上井から「一緒にやってくれないか」って言われたんだけど。魔界の時にプロレスができないヤツの面倒を見てるのが大変だったから、「もう嫌だ」って言ったんですよ。そうしたら完全に飛ばされたんですよ。上井が「やっさん、とりあえず隠れていてよ」って言われて休んでいたら、俺がサボってるとか悪い噂が流れて。

草間　欠場したことをリングで生かそうって話だったわけでしょ。

安田　そうそう。そういう理由で命令されて休んでいるのに、サボってるなんて「はあ？」って話ですよ。

草間　それはね、上井が言ってた。「安田がどっかにまた行っちゃってサボってる」って。

安田　いやいや、お前が「休め」って言ったんじゃねえかって。そういうのが全部一方通行なんですよ。俺なんかはサボってるイメージが強いから、上井がそういうふうに言うと、みんながそう信じちゃう。上井に言われて試合に出なかったのに、サボって出なかったと思い込んでる柴田（勝頼）がこっちを睨《にら》んでくるんだよね。事情を知らないとはいえよく先輩にそんな態度ができるなって。

草間　柴田は魔界倶楽部だったでしょ。同じチームでも誤解するんだから、こっちはわからないよね。

「安田さんが怖くて……同席したくないです」（経理の女の子）

安田　俺らは魔界でヒールだから、正規軍と移動は違ってたんです。その時点で向こうには情報が入っていかない。もう上井の言うことを真に受けるしかないですよ。
草間　上井がマッチメイクを仕切ってて選手を動かしてたからね。それで「言うことを聞かなきゃ出さないぞ」っていうのをやれるんだろうね。
安田　だから俺と草間さんとは話が合わないんですよ。
草間　上井が言ってることがそれぞれ違うからね（笑）。
安田　そういう理由でお呼びがなかったんだけど。契約したあとも表面上は「安田は新日本と契約してない」っていう話になってて。そういう話をマスコミには通してるからクビ扱いなんですよ。
草間　マスコミには「安田とは契約をしてないよ」っていう話になってるけど、実際はしていた。上井が「いちおう姿を消したことになってます」って俺に説明しに来たんだよ。そのあとどういう展開になるのかな？って見ていたら、そのまま試合を組まなくて。本当はそれではいけなくて、契約的には使わなきゃいけないのに使ってなかったっていうのが実状だよな。
安田　だからマスコミが「クビになった」と書くんだけど、実際は違うんだよね。
草間　東スポだったかな、安田がアルバイトの求人誌かなんかを買ってるところを写真に撮って出してたでしょ。なんだかんだでまた新日本に戻ってきて試合をする……っていう形で出る予定なのかなって思うよね。

安田　そこらへんは俺も東スポでふざけてたから。適当に「もうどうでもいいや！」って。会社としては経理上はつかわなきゃカネを払わなくてもいいわけだから、なんら害もないわけですよね。

草間　会社に経理の女の子がいたじゃない。契約更改をする前にさ、「社長、私は安田さんだけは怖くて……同席したくないです」って言うんだよ（笑）。

安田　えーっ!?（笑）。別に何もしてないですよ、俺。

草間　なんか税金のことで伝えに行ったら怒られたことがあったんだって。

安田　ああ、あれは「税金なんて放っておきゃいいっすよ」って怒ったのよ（笑）。

草間　税務署が会社に来るのよ。「安田さんが滞納しているぶんを会社で払ってくれ」って（笑）。国税だからけっこううるさいわけよ。

安田　最終的には俺の家にも来ましたよ。

草間　あっ、来た？

安田　はい。４～５人とかで家の中の荷物をひっくり返して。でも、全然怖くないですよね、だって取られるモノは何もないんだもん。国税が来て嫌な人って、結局みんな車や時計を持ってたりするわけで、何も持ってない人間は「持っていけるモノがあるならどうぞ」みたいな感覚ですよ。で、年俸だと税務署に滞納分を押さえられちゃうから契約更改の時に「ワンマッチいくらにしようね」っていう話だったんですよ。

全部猪木さんのせいにして、裏でカネを抜く

マッチメイカーとの軋轢《あつれき》から安田は新日本を追い出された。草間は社長として改革を進めるが、新日本という組織は想像以上に腐敗していたことが明らかになっていく。

草間 まあ新日本はひどかったよね。

安田 あの頃の会社は本当にひどかった。切符（大会チケット）の借金がすごくある人間が多かったじゃないですか。

草間 要は、会社の人間が切符を大量に売ってお金をもらうけど、会社には一銭も入れなかったってことだよね。１００万〜２００万円ぐらいのヤツは会社にちゃんと返してきた。あまりにも額が多すぎてウヤムヤにして逃げちゃったヤツもいたね。

現在の新日本は選手や関係者がチケットをさばいても、キックバックは発生しないという。不正の温床を断つ狙いもひとつにはあるのかもしれない。

安田 営業の人間にパーセンテージをつけること自体がおかしいんだよ。

草間 あの時こっちが暴いて「ダメだよ」って直したことを今の新日本はちゃんとまともにやってる。だからこれだけ盛り上がってるんじゃないの。あの時は不正がバレて都合が悪い人間は、こっちの悪口をアチコチに言いふらすわけですよ。

安田 草間さんはプロレスの世界のことを知らないから、うまくやられちゃったよね。マ

スコミに「草間はこんなことをやってる！」みたいに吹き込んで悪く報道されて。

草間　あの連中は猪木さんにも俺の悪口を言うんだよ。猪木さんは人がいいから、そういう話を真に受けちゃう。人の言うことをすぐに信用しちゃう。

安田　猪木さん、儲かる話が好きじゃないですか。

草間　すぐに飛びつくからね。あの人も頭はいいんだけどさ、人がいいから途方もない話をすぐに信用しちゃうからさ。

安田　昔からの人たちは猪木さんのここを攻めたら、猪木さんが「うん」って頷《うなず》くところを知ってるから、そういうやり方がうまい。だって何十年と猪木さんと一緒だった人もいるんだもん。

草間　それに何か問題があれば「猪木さんがこう言っている」ってことにできるしね。

安田　そうそう、「猪木さんが」ってことでやりたい放題。全部猪木さんのせいにしながら、裏ではカネを抜いてる。

草間　あの時は猪木さんのパチンコ台が相当売れたでしょ。でも、猪木さんにお金が入ってこない。だから俺はパチンコメーカーのところに行ってさ、話をしたんだよ。そしたら向こうが口をモゴモゴして本当のことを言わない。要は猪木事務所がカネを抜いてたみたいなんだよね。しかも億単位だから。

安田　猪木さんのパチンコ台はすごく人気でしたよ。

草間　あと猪木さんが出たテレビのコマーシャルだって1回1億円でしょ。それなのに猪木さんのところに入るお金は少ない。離婚しちゃったんだけど、前の奥さんがニューヨークから電話をかけてきて「草間さん、調べてください。おかしいです！」って訴えるわけ。

大晦日、俺と永田とグッドリッジのギャラは3億円くらい

安田 俺は2001年の大晦日に（ジェロム・レ）・バンナとやって勝つまで、ファイトマネーがいくらなんて聞いたことがないです。

草間 試合に出る時に聞かなかったの？

安田 いや、聞ける状態じゃないですよ。猪木さんから「行けるか、おい？」って聞かれたら「はい！」って言うしかないじゃないですか。「試合はやりますけど、お金はいくらですか？」なんて聞いたことないもん。

草間 まあ、猪木さんには聞けないよね。

安田 でも、バンナに勝ったあと「総合格闘技の試合に出るなら最低1000万円」っていう話を持っていって。それまでの俺のギャラ知ってますか？　PRIDEに出た時は、たったの100万円ですよ。

草間 あっ、そう？　PRIDEなんて本当は桁がひとつ違うじゃない。

安田 文句を言おうにも、俺には「猪木さんが」って言うもんだから逆らえないでしょ。何年後かに聞いたら、バンナと闘った時の大晦日は、俺と永田裕志とゲーリー・グッドリッジの3人が猪木軍だったけど、3人のギャラは合わせて2億5000万円から3億円くらい出てたらしいよ。だからよく言うのが、猪木事務所の人間がBMWに乗ってたんですけど、「車体は藤田（和之）くんだけど、俺はタイヤ4本くらいは貢献してるよね」って

（笑）。

草間　たしかにあの当時は大きなカネが動きすぎてたんだよね。猪木さんがＰＲＩＤＥに呼ばれてえらいカネをもらってるのを知ってるしさ。小川直也なんかＰＲＩＤＥに出てから今度は新日本に上がったでしょ。プロレスのワンマッチなのに請求額がすごいんだよ。だからＰＲＩＤＥみたいなところに出ちゃうと金額の桁が違っちゃってるんだよ。

安田　俺らは実際はいくら出ていたとか数字はあとで聞いて。すべて猪木さんが悪いわけじゃなくて、その周りにいた人たちが猪木さんのせいにして、入ってくるお金を抜いてたんですよ。

草間　猪木さんも本当のことを知らない（笑）。だからズッコさんと、ニューヨークの奥さんは２人ともおかしいと思っていたわけ。ズッコさんは猪木さんが日本にいるあいだ朝から晩まで毎日ついてるから、明らかに変だなってわかってるわけよ。俺はわざわざロサンゼルスまで調べに行ったりしたんだよ。

裏を通して猪木さんに俺の悪口を言う

新日本プロレスはロサンゼルスに道場を設立。選手育成やマネジメントも手掛けていたが、この案件にも猪木事務所が絡んでいたことで、新日本の財政を蝕む不良債権と化していた。

草間　ロス道場はサイモン（・ケリー）が仕切っていたけど、本来は猪木事務所が払うべきでね、新日本がカネを払う必要がなかったんだよ。

安田　だから俺らも表面上は猪木事務所所属になってるけど、カネは新日本からもらってた。

草間　カネは全部いったん猪木事務所に入って新日本に分配してるから、抜こうと思えばいくらでも抜ける。ＰＲＩＤＥが本当はいくらで猪木事務所と契約してるかなんて知らないからさ、選手側なんかはとくに。

安田　経費があれば新日本から払ってもらうんですよ。新日本の事務の若い女の子がね、「安田さんはもう新日本じゃないのに、お金ばっかりもらいに来て」ってひどいことを言うんだけど、その子はその辺の内情を知らないからさ（笑）。

こうした新日本や猪木事務所の闇が白日のもとにさらされることはなかった。組織の腐敗を調査する側だった草間が追い出されたからだ。草間の社長在任期間はわずか11カ月だった。

草間　みんな俺のことが邪魔になってきた。要するにお金の出どころがおかしいっていうのが全部わかってきちゃったから。そうすると不正をわかってる人間は邪魔になっちゃうんじゃないの。そういうのをやめさせようと思って一つひとつ問題を片付けていくと、俺に言うんじゃなくて裏を通して猪木さんに俺の悪口を言うから。それで新日本の社長は終わり。

安田　ああいう人たちのほうがうまいですよ。俺らは試合をしてるだけだから、そんなことは知るかっていう感じだけど。

草間　あれだけカネを自由に動かしてたらさ、その甘い汁を取られちゃうと思ったら必死に守るよね。だって働いてもいないのにさ、けっこうなカネを抜けるわけだからね。猪木さんは一度、猪木事務所の人間をクビにしようとしたんだけど、やっぱりクビにはできなかった。猪木事務所の取締役会前日まで猪木さんは「あいつをクビにする」って言ってたのが、当日になったら何も言わないのよ。あとから「猪木さん、どうしちゃったんですか？」って聞いたら「俺はさ、人がいいんだよな」って（笑）。要するにさ、なんか言われるとコロッとだまされちゃうんだよ。

安田　猪木さんのツボがわかるんだよね。

猪木さんと昼メシを食って、支払いが540万円！

草間　猪木さんは猪木事務所の人間にだまされてることを知っていたよ。「俺のベルトがなくなったぞ」「俺のガウンがなくなったからおかしいと思ったらどこかに売っちゃったんだよ、あいつ」とか言ってて。それでもクビにしないってすごいよね（笑）。本当に人がいいというか、Aって元プロレスラーいたじゃん。

安田　はいはい、いましたね。

草間　猪木さんがいるホテルにお金をせびりに来ててさ、猪木さんもお金をポンと渡してるんだよ、30万円くらい。

安田　俺も猪木さんからお小遣いをもらったけど、そんな大金もらったことないよ（笑）。

草間　Aは来てたよ、年がら年中。猪木さんは日本にいる時はいつもホテルオークラに通ってたでしょ。途中でホテルに変わったのは「Aがいつも来るから」って。でも、Aはそのホテルにも来たのよ。で、猪木さんはお金を渡しちゃう。「あんなのにお金を渡すことないじゃないですか。断っちゃいましょうよ」って言ったんだけど、猪木さんは人がいいのか、闘争心がないのか知らないけど、ポンと30万円くらいを渡すわけよ。それも俺が見てた1回2回じゃないよ。財布のお金を全部渡していたこともあったし。

安田　猪木さんは人は悪くないですよね。俺も世話になりましたよ。だって空港に迎えに行くたびに小遣いをもらってましたよ。最初5万円とかだったのが、最終的には10万円とかになって。俺がタダで迎えに行くわけねえじゃん（笑）。

草間　猪木さんって昔からお金には無頓着なところがある。ホテルに一緒にいる時、「草間さん、悪いけどちょっとタバコを買ってきて」って1万円札を渡されて。買ってきてお釣りを渡したらさ、「俺、小銭はいらねえんだよ」って全部くれるんだよ（笑）。だからどこに行っても人が寄ってくる。一度、昼メシを食いに行って「いくら払ったんですか？」って聞いたら、５４０万円。

安田　すごいな（笑）。

草間　高いワインとか飲んでたけどね。あの人はカネがないって言ってたけど、毎日六本木とかで食べたり飲んだりしてたでしょ。日本にいる時はオークラに毎日泊まっていたし、ニューヨークと日本の往復でもファーストクラスだからさ。片道１００万円だよ。そんなんだから「無駄なお金をつかうな」ってことで前の奥さんにハサミでカードを全部切られちゃったんだよ。「新しくカードをつくらなきゃいけない」って焦ってた（笑）。

草間を追放した新日本だったが、当然のごとく業績は回復することなく、05年12月、オーナーの猪木は持ち株をゲーム会社ユークスに売却。旗揚げから続く猪木体制・新日本プロレスは終わりを告げた。現在の猪木は自らがつくった新日本プロレスと関わりがない。

草間　猪木さんがもうちょっとシャキッとしてたら、新日本は大きな問題は起こらなかったのに。あの人は自分がレスラーあがりで、お金のこととかが管理できてないっていうことが最大の欠点だって思ってたんじゃないかな。結局、猪木さんも、お金を抜いていた連中も新日本からいなくなったよね。

安田　俺、猪木事務所のBさんと海外で会いましたよ。

草間　あっ、会った？　俺、東京地方裁判所で会ったことがあるよ。ある件で裁判所に行ったら向こうから声がするから、誰かと思ったらね、Bだった。なんかもう大変な人たちですよ（笑）。

02年8月29日、日本武道館で行われた
中邑のデビュー戦。安田が相手を務めた

「大地は、ZERO1を辞めたい大事な理由を3つ教えてくれた」(大谷)

対談9

大谷晋二郎×橋本大地

取材・文●丸井乙生

大谷晋二郎 おおたに・しんじろう●1972年、山口県生まれ。アニマル浜口ジムを経て、92年、新日本プロレス入門。同年6月、福島市体育館の山本広吉戦でデビュー。IWGPジュニアヘビー級王座を獲得するなど、ジュニアのトップ戦線で活躍。2001年、新日本を退団し、ZERO－ONEに旗揚げから参加。05年、ZERO1－MAX（現ZERO1）を発足させ、代表に就任。21年に旗揚げ20周年を迎える。得意技は

橋本大地 はしもと・だいち●1992年、神奈川県生まれ。プロレスラー橋本真也の長男。2005年7月11日、中学1年で父が逝去。10年、ZERO1に入門。11年3月6日の蝶野正洋戦でデビュー。12年、プロレス大賞・新人賞を獲得。14年、ZERO1を退団し、6月からIGF所属に。継続参戦していた大日本プロレスに16年1月1日から正式入団。17年12月17日、大日本の横浜文化体育館大会で、鈴木秀樹に勝利し、ストロングヘ

2005年7月11日、破壊王・橋本真也が40歳の若さで横浜市内で亡くなった。01年3月に旗揚げしたZERO-ONEに新日本から馳せ参じた大谷晋二郎は、現在、後継団体であるZERO1を束ねる。そして、05年当時は中学1年生だった橋本の長男・大地は11年3月6日、ZERO1の両国国技館大会でデビュー。IGFを経て、現在は大日本プロレスに所属している。

尊敬する兄貴分の息子をプロレスラーに育て、旅立ちを見送った大谷と、プロレスラーとして独り立ちして27歳となった大地は19年10月26日、ZERO1の靖国神社奉納プロレスで5年7カ月ぶりの邂逅を果たした。この日シングルでフルタイムドローを闘った2人が、ZERO1入門、そして別れまでを振り返る――。

デビュー前の練習はドラゴンボールの「精神と時の部屋」

大地　父上が亡くなって――「父上」なんて生きてる時は言ったことがないんですけど、時代劇が好きだったから言えば喜ぶかなと思って呼んでます――僕がプロレスラーになりたいって話して、ハッスルの会場に行くようになったんです。

大谷　大地がプロレスラーになりたいっていう希望を持ってる的なことはなんとなく聞いていて。その辺からみんな「そうらしいよ」ってなってたね。

大地　僕も誰かにはっきり「プロレスラーになりたい」って言った覚えはないんです。

大谷　最初はかずみ（橋本真也の前妻＝大地の母）さんから聞いたのかなあ。「ZERO-ONEでデビューしたい」って。それを聞いた時に、自分は使命だなあと思ったんです。橋本さんは天国にいるので話せないけれど、大地が一人前のレスラーになった時に「大谷、ありがとな」って言ってもらえるようにという勝手な思いがあったので。使命感で大地を受け入れました。

大地　ZERO1の練習はきつかったですよ。僕、練習嫌いですもん（笑）。大雪が降って練習がなくならないかなと毎日思ってました。普通に合同練習に行くのはいいんです。いちばん嫌だったのは、（リングアナのオッキー）沖田さんに連れて行かれる朝のランニング。2〜3カ月くらい、1時間ぐらい六本木のほうに行って走るんですよ。当時は声をかけられるのが恥ずかしいと思ってたんですけど、今思うといい宣伝だったのかなとは思うんです。それが当時は嫌で嫌で（笑）。

大谷　当時、大地は基礎体力は当然なかったですけど、続ければ基礎体力はつくんですよ。あとは気持ちの問題だと思ってたので。

大地　普通は、練習して練習してデビュー日が決まる。僕の場合は逆で、デビュー日が決められてそこに向けて頑張りましょう、だった。ほぼ毎日、いろんな選手がローテを組んで練習を見てくれました。大谷さん、日高（郁人）さん、田中（将斗）さん、（佐藤）耕平さんがみんな。感覚的に言えば、ドラゴンボールの「精神と時の部屋」に入ってる感じ。

大谷　僕は考えが古い人間なので、選手を育てるには根性論になっちゃうんです。今の時代は違うかもしれないけど、どれだけ泣いたかだと思うんです。どれだけ泣いて、どれだけ立ち上がったかで、人は強くなるかどうか決まると思うんで。練習の最後は僕とスパーリング。毎回泣くんですよ（笑）。

大地　絞められたり、極められたりして痛くて泣く（笑）。

大谷　泣いたり、音をあげないなと思ってからは「コイツ、ちゃんとデビューできるな」と確信に変わりました。体力とかではなくて、ハートだと思っていました。毎日泣いてましたけど、泣いても向かってくるんで。僕らも若いもんを育てたし、泣かせはしたけど、「これでいいんですよね、橋本さん」という気持ちはありましたよね。

大地　未成年だったけど、この歳になっても痛くて泣くんだ、と思いましたもん。小学生以来ですよ。

大谷　「やっぱりコイツ、すごいな」と思ったのは、デビュー戦でリングに上がった時のたたずまい。あれだけ人がいるなかで、初めてリングに入って目の前に蝶野正洋さんがいるんですよ。びびって当たり前なんですよ。僕はそのあとメインが控えてるのに、不安になってリング下に行ったら、もう決意が固まってるような顔をしてるんですよ。いちばん冷静というか、闘いに入っているのが大地だったんですよ。周りのセコンドのほうがハアハア言って、「ケガしないか、大丈夫か」って（笑）。あの時は正直、ビックリした。

大地　2人だけの空間でしたね。蝶野さんと僕しかいない感覚。何も聞こえない。ホント、静かなところで2人でやっているみたいな感覚でした。1回場外に出された時に、やっと周りの人の顔が見える状態。リングに戻されたら、また2人だけの世界。

大谷　いちばんヒヤッとしたのが、場外でパイルドライバー食らったんですよ。

大地　あれ、電気走りましたよ！　首に！

大谷　「蝶野さん、もうそれやめてください！」っていうくらい。受身の練習はしてましたけど、場外でパイルドライバーを食らう受身なんて、練習でできるわけないじゃないですか。「うわー!」と思ったら、大地はクッと起き上がってリングに上がっていったんですよ。あれは感動しましたよね。

大地 ホントに首に電気走りました(笑)。「痛え!」と思ってリングに上がったら、もう一発食らって、また電気(笑)。「マジか〜」と思って。鼻が痛くなって、くしゃみが出そうになりました。

デビュー以降、蝶野、武藤、藤波、長州、高山、健介と対戦

デビュー戦を経て、大地は次々と大物選手と対戦した。デビューから間もない11年3月21日の全日本プロレス両国国技館大会で、父と「闘魂三銃士」と並び称された武藤敬司とシングルマッチ。さらに同27日にはZERO1の靖国大会で父と因縁があるビッグバン・ベイダーとタッグマッチ、同年7月3日の後楽園ホール大会では帝王・高山善廣と一騎打ち。ビッグネームとの対戦が続いた。

大地 武藤さんはデカかったですね。何をしてもびくともしない。何をしてもいなされるというか。蹴りをやってもすぐ拾われちゃって。レッグスクリューで1回受身を失敗しちゃって、回れなくて脚がヤバくて「ワーッ」となったのを覚えてます。

大谷 毎回ビッグネームと当たっていたから大変だったと思いますよ。正解はないけれど、もしかしたら若手とバンバンやらしたほうが、伸び伸びやれたのかもしれない。そこはこういう言い方をしたらかわいそうだけど、宿命ですよね。

大地　高山さんとの試合は必死でした。今思うと、すげえ合わせてくれたところもあるんだなと。合わせてくれてるなかでも、やっぱり「これ以上はやんないよ」っていう上限があって、潰されたようなイメージがあります。曙さんとの対戦（11年6月14日、後楽園ホール）は不意にもらった張り手がすごくて。パーンと食らって「力士やってた人ってすごいんだな」と思ったのを覚えてます。スプラッシュもめちゃめちゃ痛かったです。佐々木健介さんともやりました、ベイダー、越中詩郎さんともやって。

大谷　ほとんどやってるな。

大地　長州さんとも、藤波さん、ライガーさんとも。

大谷　ライガーさんとはシングルでやってほしかったなあ。

大地　やりたかったんですけど、ZERO1の時に大物ばかりと当たってたじゃないですか。あの時、沖田さんから不意に「次、誰とやりたい？」と聞かれて、誰とやりたいって言える立場でもなかったのですが「ライガーさん」と答えました。新日本プロレスの道場に行っていた時代に遊んでもらったのがライガーさんだったんです。

大地は92年生まれ。大谷は92年入門。大地の年齢がそのまま大谷のプロレスキャリアとなる。ありし日の橋本真也は幼少時の大地を新日本の道場によく連れてきていたという。

大谷　大地が本当にちっちゃい時に道場をよく走り回っていましたね。

大地 92、93年頃に大谷さんが自分を抱っこしてる写真とか出てきた気がするんですよ。僕の年齢イコール、大谷さんのキャリアなので。

大谷 当時のこと、大地は覚えてはいないよね（笑）。ひんぱんに道場に来ていた時は、橋本さんが結構強引な扱いするじゃない？ 大地の足を持って振り回したりとか（笑）。その子が今、レスラーですよ。こんな怖い顔になって、ホントに……（笑）。

大地 ライガーさんの部屋によく行ってたのは覚えてます。あとは（名物犬だった）ワカのところに行ったりして。

大谷 たぶんね、大地は当時の僕をあまりわかってないと思いますよ。橋本さんの兵隊くらいのイメージでしょう（笑）。新日本時代はあまり大地の記憶にないんじゃないかな。

大地 あまりないですね。父上の仕事がプロレスだというのが当たり前だったので、父上には僕から「毒霧ってどうやって出してるの？」「越中さんのヒップアタックって痛いの？」とか聞きました。全部答えてくれました。越中さんに関しては「あの人、ヒップアタックしすぎて皮膚がメチャクチャ硬くなってるんだ」って言われて。

試合をちゃんと覚えてるのは、00年4月7日の東京ドームの引退スペシャル（「橋本真也34歳 小川直也に負けたら即引退スペシャル」）の時。あれだけはもう引退しちゃうかもっていうんで、会場に行ってたはずです。

大谷 プロレスがゴールデンで流れた最後だもんね、今考えても。

大地 絶対に負けるとは思ってなかったです。あの時だけじゃなくて、ドーム大会の時は毎回ピリピリしていました。

大谷　あの時、橋本さんを千羽鶴で応援していた「折り鶴兄弟」のチカラくんは俳優になって芸能界に行ったでしょ？　宝くんは裏方で頑張ってるんですよね。テレビ朝日のプロデューサーさんになって。何年前になるかな。『プロレス総選挙』って番組あったでしょ。あの時、宝くんがスタジオメンバーに僕を入れてくれたんですよ。

大地　ＺＥＲＯ１の時は、よく遊んでました。最近は全然連絡取ってないけど（笑）。ＺＥＲＯ１がまだ浜松町にあった時、都内で近かったんで会える距離にいたんですよ。自分は今はもう（大日本の）横浜のほうに行っちゃってるんで、全然、距離的に遠くなって。

大谷　折り鶴兄弟のお父さん、わかる？

大地　わかります、はい。

大谷　お父さんからいまだに何カ月に１回、連絡来るんだよ。息子さんの近況、何々に今度チカラが出るので見てくださいとか。

大地　結婚した写真、披露宴か何かの写真がポンと送られてきたっていうのはありました。

橋本さん、全部かっこいいじゃん、言うこととやることが

橋本真也はプロレス界に数々の伝説を残した。リング上での激情あふれる闘いとともに、破天荒な人柄、加えて天衣無縫な言動が愛された。90年2月10日の新日本・東京ドーム大会では、アントニオ猪木&坂口征二組戦の直前取材で「時は来た！……それだけだ」と決めゼリフを放ち、隣で蝶野が笑いをかみ殺しながらも、一気に橋本真也の名言となった。03年11月18日のZERO-ONE記者会見では、突如現れた当時WJプロレスの長州と

「コラコラ問答」の大舌戦を繰り広げて伝説を残した。そんなトップレスラーとしてプロレス界に君臨していた橋本真也は、大地の父としてはどうだったのか。そして、付き人としても至近距離で接し続けた大谷にとっての橋本は——。

大地 怖かったですよ。

大谷 やっぱりそういう感情はあるんだ。

大地 めっちゃ怖いです。張られる以外だと、悪いことするとケツ出せって言われて。生ケツなんです。いつも家ではデカいソファーの端にドカンと座ってて、全部手が届く距離にテレビのリモコンがあったりするんですけど、孫の手も絶対そばにあった。何かしたら生ケツ出して、その孫の手で引っ叩かれるんですよ。メチャクチャ痛くて。

大谷 今の時代じゃダメだな。大地がどこかで言ったら問題になる（笑）。

大地 怒られてる内容なんて、たぶんちっちゃい頃にやったことなんで、そんな大げさなことじゃないと思うんですよね。

大谷 そういう時、かずみさんはどうしていたの？

大地 黙って見てるしかないです。父上はたまに母とケンカとかはしてましたね。してたら朝までずっと言い合いしてる。

大谷 僕、橋本さんの付き人を4年くらいやってるんですよ。頼まれる用事は失礼な話、仕事に繋がることがまったくないんですよ（笑）。たとえばセミを捕ってこいとか、地方に行って会場の裏が山とかだったら、我々兵隊を連れてちょっと散策行くぞって。それで会場に戻ったら長州さんに怒られるとか。もう、本当に昔のイメージのガキ大将ですよ。自分が先頭に立ってみんなで遊ぼうとするガキ大将みたいな人。

ZERO-ONEに誘ってもらって、連いて行くことを選んだ理由のひとつが、ここぞという時にあの人は弟子の前に立ちはだかってくれる人だったからです。ここぞという時での弟子の前での立ち振る舞いは、ずば抜けてかっこよかったですからね。だから、ついていこうと思ったんです。

大地　そういう話は、僕がプロレスラーになってから聞いた話のほうが多いんですよ。

大谷　両国で僕がセコンドについていたら、ヤジを飛ばしてる人たちがペットボトルとか空き缶をリングに投げ入れたんですよ。先輩から「捕まえてこい」って言われる時代で、それがもう明らかにガラの悪い人だった。言い合いになって、今はダメですけど当時僕も若かったんで、1回ビンタしちゃったんです。「あとでアニキを連れてくるからな！」「連れてこい、連れてこい」って追い払ってしまった。そしたら、本当に連れて来たんです。大会後、本当にそのアニキみたいな人がたくさん来て「大谷を出せ！」って。僕も行く気でいたら橋本さんが「ちょっと待て。俺が先に行くから、お前はあとで呼ぶから、その時出て来い。俺、お前のことを殴るかもしれないけど我慢しろよ」って言うんですよ。それで橋本さんが行って相手と話をして、呼ばれて行くと橋本さんに思い切りぶん殴られたんですよ。さらに思いっきり蹴って「お前、お客さんに対して何だ、その態度は！　謝れ！お客さんに謝れ！」って首根っこを掴まれて。橋本さんの剣幕がすごいから、そちらの方々が「いやいや、最初に悪かったのはうちなんで。これからも応援してるんで」って帰って行ったんですよ。

大地　へぇ〜。初めて聞きました。

大谷　引き揚げて控室に戻った瞬間、橋本さんがニコッと笑って「痛かった？　悪かったな」って（笑）。結果、助けてくれたんだよね。似たようなことは他にもいっぱいあった。一番は03年に母親が亡くなった時。大地はその時はまだ小学生？　橋本さんが足首をケガしたの覚えてない？

大地　03年って言ったら、（末っ子の）ひかるが生まれるか生まれる前。

大谷　その時に、名古屋で全日本か何かに田中（将斗）と一緒に出てたんですよ。福島に行く前、名古屋のホテルで早朝、親父からの電話で母親が交通事故で亡くなったことを知って。どうしようと思って、福島の会場に着いてまず橋本さんに「今朝、母ちゃんが亡くなったんです。選手に心配かけたり、気づかってくれるだろうから言わないでおくんで、橋本さんにだけ言っておきます」って言ったら、橋本さんが「ふざけるなよ、お前はプロレスラーだよ。つらいことも全部さらけ出すんだよ」と。選手もマスコミの人も全部集めて「大谷のお母さんが今日交通事故で亡くなった。でも、大谷は試合をするって言ってるから、みんなも大谷の気持ちをくんで一生懸命試合しろよ」って言ったら、選手も「はい！」って言って。それで、マスコミの方もすごく気をつかってくださって、そのあと冷静に考えると、言ってよかったと思ったもんね。

大地　ああ、本当ですか。

大谷　いずれわかることじゃん、「さらけ出すのがプロレスラーだぞ」って。あれはうれしかった。それで、その日の大会で橋本さんが足首をケガしたんだよ。松葉杖がないと歩けないような。

大地　ああ、思い出した！　松葉杖ついてた。じゃあ、ひかるが生まれる前だ。

大谷　そう。で、2日後くらいに実家の山口で葬式があった時に橋本さんが来てくれたんだよ。松葉杖で飛行機に乗って。会社の人はみんな止めたらしいんだけど、「大谷の母ちゃんが亡くなったんだぞ、俺が行かないでどうするんだ」って一喝して。新日本を辞めて橋本さんを追って行ったのは間違いじゃなかったなと思ったのはそこだよね。そういう時はかっこいいんだよ。松葉杖で汗をたらしながら列に並んでたから、ヤバいと思って「奥にクーラーの効いた部屋を用意しますんで」って言ったら、「バカヤロー！　俺は並んでご焼香したいんだ。お前はやることいっぱいあるだろ、俺にかまうな、行け」って一喝された。もうね、たまらなくて。冷静に考えたら、橋本さん、全部かっこいいじゃん、言うことやることが。

ZERO-ONEの札幌巡業中に飲食店でカニを食べていた際、偶然火事に出くわし、おばあさんを助けたあと、そのままカニを食べに戻った――など、橋本真也には男気あふれる伝説が多い。しかし、現在のコンプライアンスでは確実に引っかかる伝説も多かった。

大地　そういう一面があることは人からも聞いてはいましたけど、だらしない一面もあるじゃないですか。家にいる橋本真也も知ってるので。

大谷　それは興味あるね（笑）。聞いたこともあるけど。

大地　僕の××と○○しちゃったり、写真を現像したら△△撮り写真が出てきたことですか？

大谷　それは書けないね（笑）。

大地　僕もレスラーになってから知ったことばかりなんですけど、女癖が悪いのは小さい頃からなんとなく知ってた気がする。

大谷　当時ZERO-ONEの道場の裏にインターコンチネンタルホテルがあって、そこによく泊まってたね。

大地　いちばん高い角部屋ですよね。インターコンチは結構僕も行ってました。「お前ら来いよ」って家族全員呼ばれて、ちょっと遊びに行っただけなのに、ホテルのフロントに電話して「お前が泊まれ。あ、3人増えるから」って言って。そのままその部屋に泊まったことはありました。なんでホテルにいたんだろう。

大谷　泊まりたかったんじゃない（笑）。1泊でかなりするところでしたから。帰ればいいのに（笑）。

大地　あそこ（竹芝）は結構オシャレな街じゃないですか。前に遊びに行った時に、目の前の船の上で披露宴をやってる人たちがいて、ワーッとお祝いしてるんですよ。それを双眼鏡で見て「うわー、ブスや！　ブスと結婚しとる！」ってことを延々と言ってましたよ（笑）。

「ヘビの呪いにも負けない橋本真也が、死ぬはずない」

05年7月11日の午前、プロレス界には「橋本真也が死んだらしい」という情報が駆けめぐっていた。この時期、橋本真也の身辺は慌ただしくなっていた。03〜04年に右肩を続けて脱臼し、最終的に腱板《けんばん》を断裂。長期離脱を余儀なくされていた。その渦中で大地の母・かずみさんと離婚し、別の女性と横浜市内で生活をともにしていた。経営方針や女性問題から団体内部で孤立し、04年11月に記者会見でZERO-ONEの活動休止を発表。のちに橋本真也が脳幹出血で倒れた場所は、この時暮らしていた女性の家だった。

大地　朝、母がギャン泣きして「死んじゃったかもしれない」って。その時はもう離婚もしちゃってて、結構、人間関係がぐちゃぐちゃだったので、病院は関係者以外誰にも場所を教えないみたいになってて。結局病院がわからないまま時間が流れて、夕方の6時、7時くらいになって、その時に居場所がわかって行ったんですよ。ただ、もう病院じゃなくて、斎場で棺桶に入ってる状況で初めて会ったんですよ。もう（後援会の）岐阜の人たちも来てて、我々が着いたのがいちばん遅い。それでもう、何かいろいろ話したりして一日が終わった。

大谷　僕は朝起きたら、留守番電話に入ってた。我々も橋本さんと会えてない時期だった。「橋本さんが亡くなったかもしれないって噂が流れてます。ちゃんと確認できたら連絡するので、電話に出られるようにしておいてください」と言われて、ずーっと携帯を持ってた記憶ありますね。「本当みたいです」と聞いて、高岩（竜一）と連絡を取って……。

大地 絶対嘘だと思いましたよ。その時、以前あった話を思い出してました。岐阜に帰る日に、父上が静岡でヘビを捕まえて一升瓶の中に入れて、車に載せて日をまたいで（故郷の）土岐《とき》市に行ったんですよ。昼になって、そういえばヘビはどうだったっけなって、見たら死んでたんですよ。それをドブに捨ててたので、「そんなんやったらヘビに呪われるよ、怖いよ」って言ったら、父上が「ヘビにも負けんから大丈夫や」って。「わあ、すげえな。やっぱ強いんだな」と思ってたことをなぜかそこで思い出して。「ヘビの呪いにも負けない橋本真也が、死ぬはずない」ってずっと思ってて。そうしたらわっちゃわちゃになっちゃって「ホントに死んじゃったのかな」とだんだん不安になってきて。で、場所がわかって行ったらもう棺《ひつぎ》で寝てるじゃないですか。何も考えられないっていうか、真っ白っていうか。目の前にいて、遺体があるんですよ。あるんですけど、起きてきそうな感じもするし、「本当に死んでるのかな」「ろう人形かなんかでしょ、これ」みたいな。なんか、なんとも言えない不思議な気持ちだったのは覚えてる。

大谷 大地と一緒ですね。棺に入ってる橋本さんを見て、本当なんだって感じでしたよね。会いに行った時、僕たちは斎場にすんなり入れなかった。でも、それはみんなそれぞれの思いがあって橋本さんを送り出したいというなかで、誤解もいっぱいあったけど……。誰も橋本さんのことで得してやろうという人はいないんですよ。一緒にやってるなかで誤解がいっぱいできただけで。それだけ愛された人だった、とまとめたいですけどね。

大地 僕は状況がよくわかってなかったです。大きくなってからお葬式に出たこと自体が初めてだったかもしれない。弁護士さんに「喪主をやりますか、やりませんか」と言われて、「喪主ってなんですか」と聞いたらワーッと説明されたんですが、よくわからなくて。でも、大切なことなんだというのはわかったので「やります」と。今年、まだ墓参りに行けてないんだよなあ。

大谷　自分らは岐阜のほうに行ったら、墓参りに行かせてもらってます。高塚先生という橋本さんの恩師に連絡して。高塚先生はとても喜んでくださるんです。

ZERO1は大地が継ぐものだと勝手に思ってた

デビューから丸3年。大地は14年3月末をもってZERO1を退団し、新天地を求めた。同年6月に猪木が主宰するIGFに入団したが、16年に大日本へ移籍。ZERO1を巣立った大地の理由、それを受け入れた大谷の思いとは――。

大谷　新日本で育った人間はスパーリングをガンガンやって、受身をガンガンやって、当時は細かいことはあまり教わらなかったんですよ。デビューしてから自分でよさをつくっていけと。みんながみんな、自分というレスラーを自分でつくっていかなければいけない時代だった。僕も大地がデビューしてからはデビュー前より言わなくなったでしょ？

大地　そうですね。

大谷　大地というレスラーをつくっていかなければいけない時期になったから。

大地　ＺＥＲＯ１は僕にとって「学校」。僕をつくってくれた基礎もそうですし、いろんなものを教わったところです。技術も、リング以外も、人としてのあり方も、プロレスラーとして両方を教わったところ。プロレスに教科書はないことも学びました。

大谷 ……矛盾してるねえ。「プロレスに正解はないよ」って言う言い方はしたよ。でも、プロレスの教科書はないとは言ってない。

大地 不正解はあるけど、正解はない。マニュアルはない、っていうことですかね。もともとがZERO1と3年契約していて、3年目の時くらいにいろんなことをしてみたいなと思ったので、出るなら満了する今しかないと思ったんです。

大谷 大会で大地に「お話があります」と言われて、「ZERO1を離れたい気持ちを持ってます」と言われて驚いたんですけど、改めて道場で「どうして辞めたいと思ったのか、怒らないからなんでも言ってくれ。誰にも言わないから教えてくれ」って話したんですよ。

大地 何を言ったけな……。

大谷 「今じゃないと思うぞ」とは話したと思う。そうしたら辞めたい理由、気持ちについて大事なことを3つ教えてくれた。内容は……僕の考えが必ずしも正解ではないし、大地もそう思うのか、という感じですかね。「正直に言ってくれたな」と思ったから、そこで「わかった」と言ったんです。僕はZERO1は大地が継ぐものだと勝手に思っていたので。大地がもっともっとデカくなって、大地にいい形で渡せたらいいな、それが僕の役目だと勝手に思っていたから驚きましたけどね。今、対抗戦とかでウチに上がることもあるので、僕はうれしいですよ。

大地 時間の流れとか、最終的に大日本にいるからっていうのもあるけれど、今はZERO1にいる時ほど父親の名前が出てこない。僕がずっと使っていたのが「破壊王子」だったし、いまだに入場曲を使ってるからしょうがないんですけど。きつかったというか……なんでこういうふうに思うようになったのかな。一般の人から見て、橋本真也の息子がプロレスをやってる、となったら、それだけでちょっと上にいるように受け取られるんですよ。これをなくしたかった。他の選手と同等に並んで「技がすごい」「試合が面白い」とか、そういうことで上になりたかった。

ＩＧＦは海外留学みたいなものだと思ってるんです。そこでボクシング、格闘技の練習をして。最終的に僕の身になったからいいんですけど、試合数が少なくて、プロレス勘がなくなってきちゃった。大日本でプロレス勘が戻ったし、父親の名前が出てこないし、周りも最終的に落ち着いてますし。

大谷　こういう話を聞いたりして、ＺＥＲＯ１では大地に伸び伸びとやらせてあげられなかったのかなと思いますよ。結果論として。対戦相手がみんなレジェンドばっかりですから。大日本でやってる大地を見て「伸び伸びやってるなあ」と思ったんです。ＺＥＲＯ１では何かに縛られてたのかなあって。でも、あの時に戻ったとしても、レジェンドと当ててると思うんですよ。

大地　それが悪かったとは僕も思わないです。いろんな人と試合ができたから。

大谷　大日本での大地のはじけ感というか、そこは大日本のよさでもあるし、あったかさでもあると思う。水が合ってるんでしょうね。でも、辞める時にどっかで繋がっていたいと思いましたよ。プロレス村って狭いじゃないですか。だから今、繋がっていてうれしいですよ。19年10月に靖国神社の奉納プロレスでシングルをやったけど、僕の中で「大地とまだやっちゃいけない」と勝手に思ってる自分もいて、でもはじけちゃって「やるか?」「いいですよ」で決まったんだけど、冷静な自分もいて。でも、やってよかったです。大日本とZERO1も結びついているわけですから。

橋本真也と橋本大地のタッグチーム

自分の力ではい上がりたい。27歳になった大地は父を客観的に見ることもできるようになった。偉大なプロレスラーである橋本真也は時に大地の頭をかすめ、時に離れたい存在にもなる。19年10月16日、靖国神社奉納プロレスで大地は退団後初めて大谷との闘いに臨んだが、再び相まみえる日は来るのか。

大地 俺、この人の息子なのかなと本当に思いますよ。橋本真也はプロレスラーとして化け物。「化け物の試合じゃ」というのが結構ありますよ。デカさがまず違う。父上が新日本でスコット・ノートンとやってた時とか、ZERO-ONEでマット・ガファリとやってる時とか「無理だよ、これ」と。当時、僕もまだ中学、高校ぐらいかな。ノートンに会った時に「でかっ」と思ったイメージがあるので。それこそ父上もデカいイメージのままですもん。

今、父上がいたらなんて言うかなと思ったことは何回もあります。この前も母と話して「パパが喜んでくれるね」って言われた時に、「いたらなんて言うんだろ」と思ったら気になってきて。試合のことでもたまにありますね。試合で全然お客さんのハートを摑めなかった時に「父上だったらなんて言うのかな、ヘタしたら殴られるのかな」と。

大谷　僕は逆に思わないんです。いつか何かを達成した時に「大谷、ありがとな」と言われるのを目標にやってるところがありますから、ZERO1を続けてる理由のひとつでもあります。ただ、ファンとして考えたら、僕はやっぱり2人に夢を見ちゃいますね。たとえば橋本真也vs橋本大地はプロレスファンが想像するところだと思うんです。でも、僕はそれよりも2人が組んでるところを見たいですね。大地を橋本さんが助けるんじゃなくて、橋本真也がボコボコにされるんですよ。そこで大地が強い相手の2人を投げ倒す、と。僕はタッグチームを見たいですね。想像しないですか？　「父上～」「大地～！」とか。たまんなくないですか？　想像の世界ですけど。

大地　でも、生きてたらプロレスはやってないです。生きてる間にやりたいと思ったこと、1回もないんです。自分の将来なんて、なんとも思ってなくて、いなくなった時に「あ、継がなきゃ」と思った。だから、「いなくてよかった」と思うこともあるんです。橋本真也の息子だからあれだけやってくれたのもわかっているんですけど、お父さんが近くにいるとステップアップできない気がします。

大谷　それは大地だからこそ感じることだね。

大地　お父さんが近くにいたら、プロレスラーとして面白くないまま終わっちゃう気がする。僕も技とかはいくつか同じものを使ってますけど、似てるけどスタイルは違うと思うので。僕が尊敬しているのは関本大介さんと佐藤耕平さん。この2人のいいところをかき集めている感じなので。プロレスラーはみんなかっこいいんですが、プロレスラーがアイドルみたいになるのではなく、もう少し人間らしく、泥くさく生きていきたいというか。

大谷　橋本真也の息子だなあと今、思いました。今のまま伸び伸びやっていけばいいんじゃないですかね。そうしたら、もっといいきっかけを掴むだろうし。ウチは来年20周年迎えるんで、間違いなくオファーすると思います。10周年でデビューしてるんですから。

大地　そうか、あの時に10周年だったから、ZERO1も20年だ！

対談10

谷津嘉章×永島勝司

「WJは楽しかったねぇ」（谷津）「楽しくねぇよ！」（永島）

取材・文●金崎京介
撮影●川本健司

永島勝司 ながしま・かつじ●1943年、島根県生まれ。専修大学卒業後、『東京スポーツ』の記者となるが、88年、アントニオ猪木からの誘いで、新日本プロレスに入社。プロデューサーとしてUWFインターナショナルや全日本プロレスとの対抗戦など数々のヒット企画を手掛け、「平成の仕掛け人」と呼ばれた。取締役を務めたのち、2002年に退社。03年、長州力とともにWJプロレスを旗揚げするが、経営悪化で04年に活動休止。『内外タイムス』編集局長などを経て、現在『バトルニュース』編集長。

鳴り物入りで新日本プロレスに入団したエリート、谷津嘉章だが、その後、流転のプロレス人生を送ることに。時を経て、伝説の団体・WJで一悶着《ひともんちゃく》あった永島勝司との対談がここに実現。2人は、谷津のデビュー前から知己があったが、WJでは犬猿の仲とされた関係だった。谷津の流転のプロレス人生を振り返るとともに、その七転八倒劇のピークとなったWJ時代の秘話も語る。

儲かるからプロレス入り

谷津　プロレス入りは馬場さんからも誘いはあったけど、「こんにちは」「おお、来ないか?」みたいな雑談程度。反面、猪木さんからの誘いは熱かった。1978年のレスリング世界選手権のメキシコ大会で会った猪木さんが、お小遣いに3000ドルくれたの! まだ1ドル240円の頃ですよ。猪木さんが去ると、新聞(寿)さんが「こんなの小遣い。プロレスは儲かるんだよ」って言うから、シビれちゃって。あとでアントン・ハイセルで300万円貸したけど(笑)。で、モスクワ五輪がダメ(政治的理由で日本は不参加)になって、行くところは3000ドルしかないでしょ! で、80年の10月に熊本県の水前寺体育館で挨拶して。その後すぐアメリカに修業に行ったの。

永島　俺が谷津に最初に会ったのは、まさにその熊本。アマレスのすごいヤツだということで、宴席でレスラーたちがお酒で潰そうとしてたのを思い出すな。

谷津　そういう意味でも、特別扱いだったのかな? 道場の寮にも入らなかったし。だから、自分には師匠はいないんですよ。いるとすれば、アメリカで仲良くなったキラー・カーン。見せ方を教わったね。「1、2の3で飛べ！」とか「アマレスより少し遅めに動いてちょうどいい」とか、お客さんに見やすいようにね。カーンさんとは今でも電話でよくしゃべりますよ。

永島　俺は親しくないんだけど、カーンはどんなことを話すの？

谷津　長州さん、永源（遙）さん、坂口（征二）さんの悪口が多いですね（苦笑）。

81年6月に帰国、24日の蔵前国技館において谷津は猪木と組んでアブドーラ・ザ・ブッチャー、スタン・ハンセン組と対戦し、日本デビュー。一方的にいたぶられた試合は、伝説と化している。その後、谷津が真の意味で注目を浴びるのは、83年10月に再び帰国し、長州力率いる維新軍に合流してから。とはいえ、84年の9月には長州らと新日本を離脱。ジャパン・プロレスとして、全日本に参戦する。

谷津　デビューについては、エリートだからいったん叩き落とすという考え方もあるけど、やっぱり猪木さんは俺を売り出すべきだったと思うね。俺がやられると「アマレスは弱い」となって、その後も差し障りが出るし。永島さん、そうでしょ？

永島　谷津のデビュー戦……。覚えてないなぁ……。

谷津　（苦笑）。にしても、ブッチャーやハンセンはエンターテイナーだった。1万人の大観衆を前にしても動じないんだから。その点、俺は慌てふためいて、覚えてるのはピーター（ミスター高橋）に額を切られたことくらい。親戚、友人すべてが「（プロレスを）すぐ辞めろ」って言ってたのを思い出すなぁ。結局はその後、維新軍に入るわけだけど。

永島　維新軍は、もともと83年5月に長州とアニマル浜口が行方不明になって、フリーになるところからはじまるんだけど、猪木の密命を受けて俺が2人を探したら、2人は名古屋の吉野家でメシを食ってた（笑）。

谷津　維新軍入りに関しては、長州さんが当時俺が武者修行中だったハワイまで迎えに来てくれた。80年代はテレビも生放送だし、時間的な制約がキツかったですよ。星野勘太郎さんが試合中、セコンドに来た時は「あ、そろそろ終わらなきゃいけないんだな」っていう合図だったね。

永島　その長州や谷津らが新日本を抜けた時は、ビックリしたね。その前の日の大阪大会の打ち上げで、俺は長州にも谷津にも「大丈夫だな？（抜けないな？）」って確認したのに。

谷津　それで全日本のリングに行ったけど、結局2年で新日本に戻りたくなった長州さんとは袂を分かつことになった（87年3月）。87年の最初に、じつは俺と長州さんが猪木さんに呼ばれて「新日本に戻ってきてくれ」って頼まれてるんですよ。それで、改めて長州さんの池尻の自宅で話し合いをした。マサ斎藤さん、タイガー服部さんもいたかな。そしたら「新日本に戻るけど、浜口と寺西（勇）は置いていく」という話になって。でも、そこでその動きに感づいていたタコが、俺に「全日本に残らないか」って持ちかけたんですよ。

永島　タコって、永源遙な。

谷津　馬場さんのことは嫌いじゃないし、残ろうかなと。一方で長州さんは、当時、輪島（大士）さんが全日本でデビューしたということに、怒り心頭だったと思う。輪島さんが一面の東スポ、破り捨ててたからね。

俺個人としては「なんでまた新日本に戻るの？」とは思ったけど、結局、金でしょうね。逆に言えば、それだけの商品価値が長州さんにはありましたから。

永島 全日本に残って、どうだった？

谷津 よかったねぇ〜、和やかで平和で（笑）。ギャラも、長州さんが抜けたぶんの上乗せもあって長州さんと同じにしてくれてね。1試合20万円！

永島 悔しいけど、いい話だな。

谷津 天龍さんが、電話をかけてきたのを思い出しますよ。「谷津ちゃん、いくらぐらいもらってる？」って（笑）。ギャラに関しては、俺と天龍さんと（ジャンボ）鶴田さんは特別待遇でしたね。そうそう、日本テレビの関係で、女子アナの米森麻美さん（故人）とデートしたこともありますよ。俺が強引に紹介を頼んで（笑）。でも彼女、「プロレスラーは将来性がないから、考えられない」と言ってたなぁ。

ケーフェイに驚いたSWS田中社長

しかし、残った全日本を、谷津は90年7月に退団。メガネスーパーの巨大資本をバックに設立された新団体、SWSに身を投じた。同団体は、天龍率いる「レボリューション」、将軍KY若松が率いる「道場 檄」（谷津も所属）、ジョージ高野が率いる「パライストラ」の3つの道場に分かれ、その対抗戦を主軸とするコンセプトを採った。

谷津　全日本を離脱することになった発端はケガ。馬場さんに言われて、全日本に移籍してきたばかりのスティーブ・ウィリアムスとシングルをやったら（90年3月24日・後楽園ホール）、バックドロップで骨折しちゃって（肋骨骨折と頸椎捻挫）。そしたらその入院中に、俊二（現・高野拳磁）や高木功はSWSに移籍してて。俺は5月14日、東京体育館で全日本に復帰はしたんだけど、カードが「2代目タイガーマスク（三沢光晴）、川田利明vs谷津、サムソン冬木」。これから三沢たちが上に行くこともわかったから、馬場さんに「そろそろ三沢のマスク脱がせてやってもいいんじゃないですか？」と言ったの。そしたら馬場さんは、「おう、（ザ・グレート・）カブキに相談してみる」と。

俺は所詮、外様だし、後輩たちもSWSに行った。だから、俊二たちを通じてSWSの田中八郎社長に入団を直談判したの。そしたら「谷津さん、来てもいいけど契約金は払えませんよ」ときた。俺が「なくていいです」と言うと、「その答えが気に入りました。1000万円でよければ、契約金を払いましょう」と。俺の頃には、もう軍資金がなくなってたんだろうね。あとで聞いたら、天龍さんは契約金1億円。ジョージ高野にしたって、7〜8000万円もらってたらしい。ただ、「試合給は天龍さんと一緒でいいですよ」と言われたよ。

SWSは道場制度がウリだったけど、逆に派閥の温床になってたよね。俺は選手会長をやってた。というのは、天龍さんは元全日で、若松さんやジョージは元新日。両方に通じるのは俺だけだったから。でも内実は、クレーム処理係。いちばんよく文句を言ってきたのは若松さん。親睦を深めようと、道場に集まってちゃんこを囲んだりしたんだけど、その場はそれなりに仲良くするんですよ。そのへんもケーフェイだなぁと思ったね。

内部がうまくいっていなかったSWSは、92年6月、3つの道場がそれぞれ独立する形で終焉。谷津は「道場 激」「パライストラ」をそそのかし、「レボリューション」と仲たがいさせる形で分裂をしかけた張本人とされた。

谷津　上がらない興行収益に、ギスギスした人間関係。そんな中、若松さんの奥さんが自殺してしまった。因果関係はわからないけど、若松さんはそれが造反の理由だと言ってたけどね。まったく話がまとまらないし、俺は選手会長辞任を田中社長に伝えに行った。そしたら「辞めなさい」と、あっさり。じつは旗揚げの時から田中社長は、勝った選手に勝利者賞として現金を出していたんだけど、こちらはそれを選手会の会費として全部プールしてたんですよ。ケーフェイだから。そしたら、荒川真（ドン荒川）のラインからそれがバレちゃって、田中社長は大激怒。手の平を返すように、SWSをさっさと辞める方向になっちゃったんです。

永島　ケーフェイを知らなかったということ?

谷津　そうです。荒川がバラした日付はわからない。ただ、俺の選手会長辞任からSWSが崩壊に至ったので、俺が潰した先導者と思われがちなんだけど、それは絶対に違う。なぜなら、俺はその時まだ結婚して1年たってなくて。それで自分の団体を潰すバカがどこにいますか?　ただ、田中社長はもうプロレスへの情熱が失《う》せてて「3つの道場は、これから独立独歩でやってください。それぞれ1億円差し上げますから」って、そんな感じでしたね。つまり、俺に選手会長を辞めさせることで、そういう流れをつくったわけです。こちらとしては、聞くしかなかった。でも、荒川だけは今でも「メガネスーパー」所属になってるでしょう。「なんでおまえだけ残ってるんだ?」って聞いてみてくださいよ。それが真実です。

記者の前で豹変した長州

SWSを退団した谷津は、93年8月、自らの団体、SPWFを旗揚げ。翌年2月からは、スポット参戦という形で新日本に復帰した。

谷津 新日本への復帰に関しては、まず長州さんと永島さんと俺の子飼いの仲野信市で、西麻布でメシを食ってね。「新日本に上がらないか?」と。

永島 そうだった。当時、ジュニアのオールスター戦を画策してて(94年4月16日・スーパーJカップ)、谷津は自分の団体の茂木(正淑)をそこに上げてくれることを条件に出したんだよな。こちらもそれで了承した。

谷津 そこで長州さんに「何月何日に、ちょっと新日本の事務所に遊びに来いよ」と言われて。当日行ってみたら、長州さんが記者の前で「谷津、テメー何しに来た!?」と。プロレス的なアレではあるんだけど「う~ん、またやられちゃった」と思ったた(笑)。

永島 一気に立場を上げて、谷津にはG1にも出てもらった。タッグリーグでは、長州とも組んでもらってね。

谷津 そのかわり、消えるのも早かったけど(苦笑)。

そして谷津と永島氏の2人は、2003年旗揚げのWJで再会。しかし、谷津は同年9月、東京スポーツ紙上にて、WJの経営不振の内幕を暴露。前後して退団する。

永島 WJでは谷津に営業の部分で期待したんだよ。選手としてはそうじゃなかったけど。

谷津 でも、長州さんは全然プロモーションに参加してくれなくてね。「サイン会? やらない」「ラジオ番組のゲスト? 行かない」の一点張り。もう時代は違うというのにね。興行成績はどんどん悪くなって、俺は営業会議で名指しで批判されて。「営業コース組めないなら、辞めろ」と言われて辞めた。それで、東スポにWJの内実を暴露したんです。

永島 あれ見た時、俺は駅でへたり込んだよ。

谷津 でもあれは……じつは俺からのアングルだったんですよ!

永島 じゃあなんで事前に言わねぇんだよ! コミュニケーション取れよ!

谷津 いやー、ちょっとした気持ちで記者にしゃべったから、まさか一面になるとは思ってなくて。でも、WJは楽しかったねぇ。

永島 楽しくねぇよ!

谷津 そう? 俺はやっぱり、昔の仲間に再会できたのがうれしかった。馳(浩)とかね。「先輩、興行って水ものですね」って言うから「そうだな、水はたくさん入れればあふれ出すから」って答えたら、「そういう意味ではないです」って。ずいぶん考え方が違うなぁと思った（苦笑）。長州さんもね、俺とは同じ気持ちだったみたいで「谷津よ、こうして一緒にいると昔を思い出すなぁ」って。俺は基本、長州さんを嫌いじゃないんですよ。自分の引退試合（10年・新宿ＦＡＣＥ）の時も、オファー出したくらいだったからね。なしのつぶてだったけど。天龍さんにもオファーしたけど、こちらは丁重に断りの電話をくれたね。そういえば木村浩一郎（格闘家、プロレスラー）、亡くなったんだってね（14年10月、死因は肺炎）。

谷津　女性より男性が好きだったみたいで、親もお葬式には来なかったんだって……。

永島　ウソ⁉　知らなかった。末期のＷＪによく出てくれてね。

谷津は10年11月に、プロレスを引退。気になる現在は……。

谷津　地元（群馬県）で運送会社を経営しつつ、東京にホルモン焼き屋を開いてたんだけど、運送会社のほうがヤバくなってきたから、去年の2月にホルモンのほうは閉めた。結局、運送会社も去年の後半に潰れちゃって。

永島　ということは、今は？

谷津　プー太郎です。人生のほうは、ガチンコなんですよ。だから今、名刺を持ってないんです。Ｋ２プロダクション、入ろうかなあ？

永島　う～ん、考えさせてくれ……。

80年10月23日、京王プラザホテルで行われた谷津の新日本入団発表会見。この時、谷津は順風満帆のプロレス人生が待っていると思っていたという

「取材拒否は、坂口さん、長州にも知らせずに俺主導でやった」（永島）

対談・番外編

『週刊プロレス』取材拒否の真相

ターザン山本×永島勝司

取材・文●金崎将敬

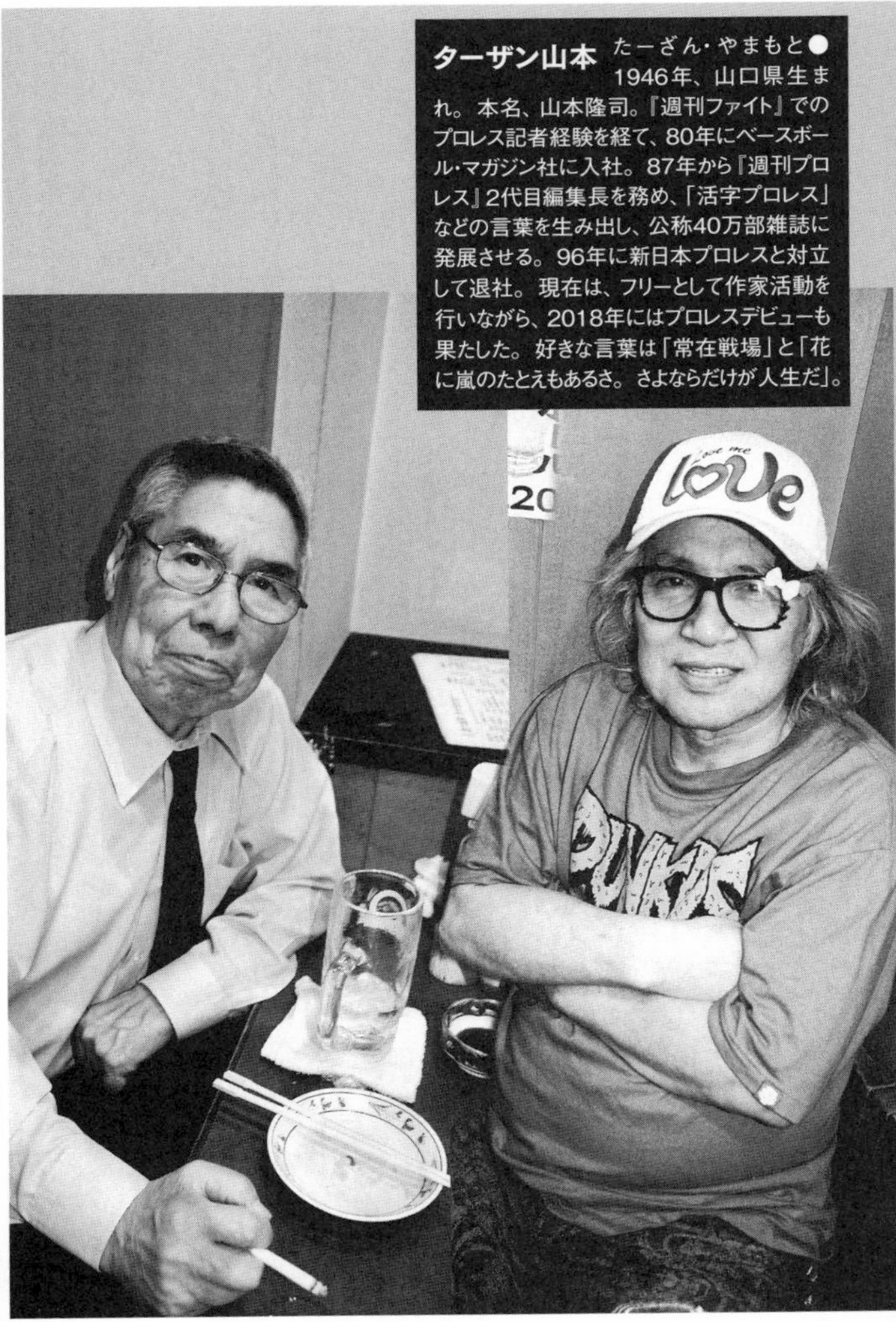

ターザン山本 たーざん・やまもと●1946年、山口県生まれ。本名、山本隆司。『週刊ファイト』でのプロレス記者経験を経て、80年にベースボール・マガジン社に入社。87年から『週刊プロレス』2代目編集長を務め、「活字プロレス」などの言葉を生み出し、公称40万部雑誌に発展させる。96年に新日本プロレスと対立して退社。現在は、フリーとして作家活動を行いながら、2018年にはプロレスデビューも果たした。好きな言葉は「常在戦場」と「花に嵐のたとえもあるさ。さよならだけが人生だ」。

1990年代前半、ターザン山本が編集長だった『週刊プロレス』は、公称40万部という専門誌としては異例の大部数を売り上げ、プロレスファンを煽動するほどの多大な影響力を誇っていた。業界の盟主・新日本プロレスは、そのことに危機感を覚え、96年2月、ついに発行元のベースボール・マガジン社に取材拒否を通達。同年6月、ターザンは編集長の座を追われただけでなく、退社を余儀なくされ、会社員という安定した立場も失ってしまった。あれから四半世紀近くの年月が過ぎた今、長州力とともに当時の新日本を掌握していた永島勝司とターザン山本という禁断の顔合わせが実現した。

東スポ、ゴングのヤツらとは一緒にメシを食うな

山本　僕は80年にベースボール・マガジン社に入社して、87年に編集長になったんだけど、当時から『週刊プロレス』制作のモットーは、「『東京スポーツ』と『週刊ゴング』を潰せ！」でしたからね。その2つは王道、こっちは反主流派を採るしかなかった。

永島　いきなりなんだよ。悪いけど俺がまだ東スポにいた80年代までは、週プロなんて眼中になかった。まあ、たしかに俺はゴングのボスだった竹ちゃん（竹内宏介・故人）と仲良かったし。司真穂（つかさ・まほ）のペンネームでゴングに寄稿したりしてたけどな。

山本　竹内さんは八方美人なので敵をつくらないんですよ。そして、東スポっていったらプロレス界の王道。竹内さんはそれにガッツリ並走してゴングを発展させた。だから、僕は部下にも東スポ、ゴングのヤツらとは一緒にメシを食うなって命じてた。

永島　ライバル視するのはいいけれど、マスコミにおいて、それはバカな考え方だな。

専修大学卒業後、毎夕新聞社を経て、66年、東京スポーツ新聞社に入社した永島は、整理部所属として、東スポ名物の虚実ない混ぜの一面の紙面づくりを担当し、出世の階段を上っていた。だが、同紙の連載小説を勝手に打ち切ったことが原因で、なんと8階級の降格。平社員待遇として赴任を命じられたのが、新日本の取材担当だった。78年、永島は35歳になっていた。

一方、山本は77年の『週刊ファイト』入りから記者のキャリアをスタートさせたが、同社の手取りは月10万円ほどの薄給で、3年後、34歳の時にベースボール・マガジン社に転職。しかし、生来のギャンブル好きもあり、常に懐はさびしい状態だった。

永島　最初の取材が蔵前国技館だったんだけど、小沢（キラー・カーン）に、「ずいぶんトシとった新人記者だねえ」とか言われちゃってね。タイガー・ジェット・シンには襟首摑まれたり。でも、猪木と出会った時、認識が変わったのよ。カード発表の取材でね、選手権試合が同じカードで2大会連続で組まれてるから、「これ、なんで同じカードなの？1試合目で王者が負けても、再戦なの？」と俺が聞いたの。

山本　プロレスの暗黙の了解的な部分。

永島　そしたら会見場の隣の社長室から、猪木が出て来て、俺をその中に入れて言うには、「永島さんと言いましたね。それでいいんですよ。なんでもおかしいなと思ったことは、声に出して聞いてください」と。さらに、俺をエレベーター前まで送ってくれた。そこから俺は完全な猪木ファンになった。

山本　ファン？　僕から見れば、共犯関係ですよ。

永島　実際、遠征の電車の中にいたら、当時の猪木の付き人の髙田（延彦）が呼びに来て、「猪木さんが話がしたいと言ってます」と。で、猪木の席まで行ってみると、「ウチで新聞、つくってみない？」と。いわば、新日本プロレスオフィシャル新聞。早速、『闘魂スポーツ』と名づけてね。

山本　そこでも闘スポだ。

永島　たまには気の利いたこと言うじゃないか。

山本　猪木さんのことだから、永島さんが東スポの整理部だったことを調べてたんでしょう。

永島　ところが、1カ月後くらいに試作品を持って行ったら、新間（寿）さんがその場にいて、「悪いけど、これからウチは（アントン・）ハイセルに賭けることになったから」と言われたんだよ。つまり、すべてパー。『闘魂スポーツ』は野末陳平さんとかの協力も得ていた。

　お金を出してくれる大阪の仕手株屋さんのKさんにも会ったんだけど、Kさんはさすが猪木のタニマチで、事務所の階段の踊り場に札束が転がってるんだよ。今、考えたら、1つもらっておくんだった。

山本　当時の新日本の羽振りのよさはすごかったですよ。記者会見をやると大入り袋という名目でマスコミ関係者全員に交通費5000円を出してましたからね。

永島　あったなあ。

山本　いわば、「これ、あげるから、ウチの団体のこと、よく書いてね」という〝買収〟なんだけど、僕ら専門誌記者はそのお金を目的で会見に行ってたんだから。大入り袋は大塚（直樹、元・新日本プロレス営業部長）さんがよく大入り袋を持っていて、試合中にカメラマンのポケットに突っ込んでたのを見たことがありますよ。だから、取材の時は僕も含めてみんな大塚さんの目に入るよう動いてた。

週プロは小うるさいハエのイメージ

記者として新日本の巡業を片時も離れず連いて回った永島は、猪木と胸襟を開き合う仲になった。そして、リングでのアングルづくりに加担していく。はぐれ国際軍団（ラッシャー木村、アニマル浜口、寺西勇）との抗争がピークになれば、「1vs3でやってみたら？」と提案し、第1回IWGPリーグ戦の決勝戦を、全国紙に載るようなものにしたいと猪木が言うと、「救急車で病院に運ばれたらいい」と提案した。そして88年になると猪木から、広報、企画担当として新日本入りを打診され、永島は新日本に入社した。

そこでマスコミ出身の永島の癇《かん》に障ったのが、週プロ2代目編集長に就任していたターザン山本だった。

山本　ちょうど、永島さんが入社した88年に、新生UWFが旗揚げして、週プロの方針としては、UWFを推すことになった。さっきも言ったように、ゴングは東スポのラインで新日本にべったりだったから。

永島　俺からしてみれば、週プロは小うるさいハエのイメージ。たしかにＵＷＦはブームだったし、新日本はゴールデンタイムを外れて夕方からの中継になっていた（88年4月、『ワールドプロレスリング』が月曜の午後8時から土曜の午後4時からの放送枠に移行）。

山本　あの時期、新日本の会場に行くと選手やフロントに「あっ、ＵＷＦが来た！」なんて言われたから。挙句の果てに、長州は「山本、Ｕはお前なんだ。ＵＷＦはお前が創ったんだ」と。ＵＷＦは、その思想性やイデオロギーから、なんとなく難解に記事を書けるという利点もあった。前田（日明）自身がそういうのが好きだったから、結局、それが僕の〝活字プロレス〟の端緒になった。

永島　〝勝司プロレス〟？　そんなのあったっけ？

山本　〝勝司〟じゃなくて、書く方の〝活字〟ですよ。

永島　……それで思い出した。佐山（聡）と書いた本（『ケーフェイ』）で「ケーフェイ」って言葉を使ったの、お前が最初だろ。隠語で誰も知らない言葉だったのに、プロレスというものは何なのかということを、佐山とお前が暴露しちまったんだよ。

山本　その時、僕は編集長じゃなかった（『ケーフェイ』は85年10月発刊）。「ケーフェイ」は「フェイク」（いんちき、だまし）を裏返して発音した言葉で、プロレス界の隠語の傑作。このタイトルだけで、あのテリー・ファンクが激怒したっていう話だから。実は『ケーフェイ』発売の翌年、週プロは全日本プロレスから部分的に取材拒否されるんだけど（リングサイドでの撮影禁止という処置）、この『ケーフェイ』の出版に僕が携わってたのも理由のひとつだった。表向きは、「週プロには全日本の表紙が少ない。10回に9回は新日本じゃないか」と、当時の編集長の杉山（頴男）さんは言われたらしいんだけど。

永島　俺はその時期は知らない。ゴルフ担当のほうにいたんだよ。猪木と昵懇《じっこん》になるうちに、それを社内の桜井康雄さん（東京スポーツ編集局長・故人）がやっかんで、猪木から俺に来た手紙を俺のデスクで見つけて、それをゴングに横流しした。それを猪木は激怒して、桜井さんはその週で『ワールドプロレスリング』の解説をおろされてるはずだよ。でも、俺もそれをきっかけにプロレス担当から外された。最後に東スポ記者として猪木に力添えしたのは、同じ東スポで全日本担当だった川野辺（修）に「馬場さんがもうしんどくて、『ブロディいらねえ』って言ってる」と聞いた時だった。猪木に「おい、ブロディを取ろう」と。それで実際来ることになって、「これはひとつの運命だな」って猪木に言ったら、ブロディ登場時の前奏曲がベートーベンの「運命」になってた。なんというか、すごいのは、その辺の猪木の頭の回転の速さだよ。

山本　僕が言いたいのは、週プロも、全日本から取材拒否されるくらい新日本のシンパだった時代があったということですよ。

SWSを悪く書いたら、あとからお金がもらえた

山本が多くの誌面を割いた新生UWFは、90年12月の大会を最後に分裂。一方、新日本は91年の第1回「G1 CLIMAX」の大成功で、闘魂三銃士の時代が本格的に幕開けした。第1回G1での蝶野正洋の優勝や、同年の「TOP OF THE SUPER Jr.」

の保永昇男の優勝など、永島の打つ手打つ手はことごとく大当たりした。業界の盟主と呼ばれるにふさわしい興行的な隆盛とともに、〃平成の仕掛け人〃の座を揺るぎなきものにしていった。

しかし、それでも山本が〃親・新日本〃になることはなかった。新興団体のSWSが90年10月に旗揚げし、大企業メガネスーパーを母体とするSWSに、全日本から天龍源一郎ら多くの選手が移籍。これで山本はSWSを徹底批判。週プロは全日本に肩入れすることになる。のちに山本自身が、この時期に馬場から多額の金銭を受領したことを明らかにしている。

永島　馬場さんからカネをもらってSWSのことを悪く書いて、ギャンブルするカネも無心してたとか。まったく最低な男だよ。

山本　違う、ちょっと違う。もともとゴングの小佐野（景浩）さんがガチガチの天龍番で。天龍さんがSWSに行くことをウチより早くスッパ抜いた。ウチとしては、その反対を行くしかない。そこで多額の資本金を用意していたSWSを「金権プロレス」と叩くことにした。キャピトル東急ホテルで馬場さんとお茶してる時に思いついて、その場で公衆電話から、坂口（征二。当時、新日本社長）さんを呼び出した。

永島　それは知らなかったな。

山本　SWSの動きにまだ坂口さんは明るくない時期で、坂口さんもすぐキャピトルに駆けつけてきて、馬場さん坂口さん2人の前で、私は宣言したんです。「見ててください。

週プロの次号の表紙に、『ＳＷＳは金権プロレスである』とはっきり書きますから」と。

永島　坂口さんはなんて？

山本　異星人でも見るかのような目で僕のことを見てましたね。

永島　そりゃ、そうだろうな。

その週プロは、90年5月1日に発売。表紙には天龍の横顔写真とともに、以下の文字が掲載されていた。

「天龍、全日本離脱　この事件で義理人情より『プロはお金である』ことがはっきり証明された。これは一つの歴史的転換である」

山本　発売されてすぐ、元子さんから電話がかかってきた。「ホテルオークラに来てくれませんか？」と。

永島　オークラ？　今の猪木の常宿じゃん。

山本　でしょ？　馬場さんならキャピトル東急ホテルじゃなければおかしい。不穏なものを感じて、僕が駆けつけると、馬場さんと元子さんがオークラのティールームにいた。馬場さんが、「これから、君も何かと大変だろうから」と茶封筒を取り出して僕に渡した。そこに50万円入っていた。カネもらってからＳＷＳを悪く書いたんじゃなくて、僕が悪く書いたのが先です。

永島　そこかよ。

山本　このことで、長州に呼び出されたこともありますよ。「飛行機代出すから宮古島まで来てくれ」って。行ってみたら長州が、「本気なのか山本？　どういうスタンスでやってんだ？」って真剣に聞いてきた。その時は「山本、よく来てくれたなあ」って、長州も和やかそのものでしたよ。

永島　プロレス専門誌の団体批判なんて、普通はありえないから、長州は真意を確かめたかったんだろうね。自分の団体のことでもないし。

山本　いずれにせよ、馬場さんからSWSの件でお金をもらったのは、それが最初で最後ですよ。他は、海外取材に行く時に数万円の餞別《せんべつ》をもらったことくらい。あと、私の故郷（山口県徳山市、現・周南市）で全日本が興行を打った時、『君の親父さんに』って、いくらかもらったことあったけど。

永島　いくら？

山本　30万円。父には15万円で、残りは僕がもらった。

永島　ギャンブルに消えた？

山本　覚えてませんよ。はっきり言えるのは、馬場さんにギャンブル代を無心したことはないです。それは元子さんにですよ。

永島　元子さんも、馬場は馬場だけどな。

山本　30万円から、最後は150万円くらい、もらったんじゃないかな。毎回、きれいな布に包まれた箱に入ってたね。

「週プロの記事に坂口さんが激怒している」

全日本のビデオ発売の際の試合解説を1本20万円で引き受けるなど、全日本とは癒着さながらの関係にあった山本。対抗勢力の新日本を攻撃するのに時間はかからなかった。92年の1月には、「新日本　お家の一大事　テレビ朝日ワールドプロレスリング　放映打ち切りか!?」と表紙に大書した週プロが発売される。94年7月のG1 CLIMAX直前には、表紙で「なぜだ！　G1の下馬評　断トツで長州」とうたい、新日本の指針を狂わせた。

山本　『ワールドプロレスリング』打ち切りの噂は、ファイトの井上譲二さんから聞いて、そのまま裏も取らず記事にしたんです。発売日の朝には各マスコミから電話が来た。彼らが言うには、「週プロの記事に坂口さんが激怒している」と。

永島　俺や長州ならいざ知らず、坂口さんが怒るってのは相当なもんだよ。

山本　伝え聞くところによると、「銀行や取引先との信頼に関わる」からだと。

永島　坂口さんは銀行との関係をとくに大事にしてたからな。

山本　僕としては一種のゴシップ感覚だったんだけどね。業界に刺激を与えて盛り上がればいいな、と。

永島　ゴシップ？　冗談じゃないよ。G1にケチつけてきたことがあったじゃないか。「藤波優勝じゃ盛り上がらない」とか言って。

山本　あぁ、3回目のG1ですよね（93年）。藤波が優勝しそうだという噂を聞いたんで書いた。

永島　「馳優勝じゃないと、盛り上がりませんよ！」とか、俺に言ってきやがった。

山本　永島さんはその時、「わかった。お宅の意見は意見として、ちょっと考えてみる」とか言ってたじゃないですか。

永島　誰が聞くかってんだよ。お宅、あの時、プレスパス、返却したんだよな。

山本　藤波さんがG1で優勝した日にね。しかも、馳を破って。帰る出口のところでプレスパスを叩きつけてやりましたよ。週プロには「冷夏のG1クライマックス」と書いた。そしたら、「あんな書き方はない」って、またそちらが抗議してきたじゃないですか。

永島　マスコミが団体の方針にケチをつけるなんて言語道断だけど、その抗議は俺じゃない。

山本　あっ、それは田中（秀和）リングアナだった。週プロが長州のG1優勝を予想した年も、結局栄冠を手にしたのは蝶野だった。

永島　その時のことはもう覚えてないけど、俺の方針としては、『どういうふうにしたら、ファンやマスコミは驚くだろう？』というのが眼目としてあるのよ。つまり、意外性というヤツだね。だから週プロが「優勝は長州が濃厚」と書いて、それが俺の目にもし入ってたなら、それ以外を考えることになる。こちらはそれが仕事。流れをつくるのに直接関知してなかった長州のほうが、週プロに対して頭にきてた。ましてや長州は現役の選手だったわけだし。

山本　『ワールドプロレスリング』打ち切り報道の時、新日本で僕をなじったのは長州だった。新日本の事務所で長州と会いました。宮古島でSWSのことを話した時は穏やかだったのに、別人のように激怒してましたけど。でも、結局、怒られるだけで済んだ。

この時のことを、山本は自著『「金権編集長」ザンゲ録』（宝島社）の中で、以下のように書いている。

〈新日本は思ったより強硬な態度には出なかった。それもこれも、『週刊プロレス』の勢いが頂点に達しようとした時期だったからだろう〉

雑誌の公称部数は発行元の申告なので、40万部は言いすぎとしても、92年から95年の時期の週プロは、売り上げが毎週20万部を超え、時には25万部が完売することもあった。現実として我が世の春を謳歌《おうか》していたのだ。

「夢の懸け橋」のギャラは、新日本2000万円、全日本3000万円

山本のピークは、ベースボール・マガジン社主催で95年4月2日に東京ドームで行われた、プロレス・オールスター興行「夢の懸け橋～憧夢春爛漫～」だった。13団体が参加し、主催者発表で6万人（超満員）の観客を動員した。しかし、東スポ主催で行われた「プロレス夢のオールスター戦」（79年8月26日・日本武道館）と違い、ベースボール・マガジン社側は、他媒体に興行に関する情報の供与をいっさいせず、いわば独り相撲だった。

当然、その独善的な姿勢は問題視されたが、プロレス団体側も大会への参加をむげに固辞できないほどの脅威を当時の週プロは持っていた（天龍のWARのみ出場を辞退）。団体

の創立年月順に上から1試合ずつ提供していくスタイルで、新日本は橋本真也vs蝶野正洋戦を提供し、大会のメインを締めた。

山本 「夢の懸け橋」の時の新日本の窓口は坂口さんだったけど、あの時も長州に呼ばれたんです。それで、なんと言ったと思う？「これはいいアイディアだ。山本、新日本がこういうオールスターみたいなのをやると角が立つから、ぜひお前たちがやってくれ」って。僕は長州からこの興行で、激励を受けたんですよ。なのに大会当日、長州は反・週プロのWARの後楽園ホール大会に出ちゃった（長州&天龍&アニマル浜口vs越中詩郎&後藤達俊&小原道由でメインに出場）。すごい人ですよ、長州は。

永島 違う違う。すごくねぇって。長州は単なるひらめき型人間なの。頭の中で多くを考えてない。週プロを寝返ったのも、真剣に物事を考えてないから。ただそれだけ。

山本 インディーの出場ギャラは、1団体につき400万円だったんだけど、メインの新日本には、2000万円払った。

永島 俺個人は、この興行自体、気にならなかった。新団体をつくるとかならまだしも、流れのない、打ち上げ花火みたいなもんだろう？　そこを気にしてたらこっちは前に進めないから。

山本 セミの全日本の出場決定に関しては、馬場さんが寸前までじらしてきた。本来なら新日本と同額だったんだけど、結局、1000万円上乗せして3000万円払った。

永島 馬場さんのところを週プロはあんなに応援してたのに、哀れだな。

取材拒否で退社、翌年には離婚、人生の暗転はそこから

96年3月、週プロは新日本に突然、取材拒否をされる。続いて、当時新日本と交流のあったWAR、UWFインターナショナル、レッスル夢ファクトリーもこれに追随した。週プロはさっそく96年4月2日号の表紙で「新日本が突然　本誌を理由なき取材拒否！」と大書き。翌週の4月9日号では、表紙写真はまったく無関係なスティーブ・ウィリアムスにしながら、「取材拒否！　それでも季節は巡る」と打ち、表紙上部には「猪木さん、取材拒否をどう思いますか？」と横書きで挑発。さらに次の4月16日号では巻頭記事で「地方では手を抜く新日本とそれをしないのが全日本！」と挑発した。

だが、週プロの抵抗も長くは続かず、7月16日号の巻頭記事の囲みスペースで、山本は「記者生活19年目の決断です」「今がいい引き際かもしれない」「来週号からの週プロは私の〝さよならロード〟とさせてもらいます」と自らの辞任を示唆。本当に7月中旬にベースボール・マガジン社を退社してしまった。

その「さよならロード」の記述に偽りはなかった。同じ7月16日号の表紙上部には横書きで、「私、週プロを退く決心しました（山本）」と告知。翌7月23日号の表紙では、さよならをする山本の絵を表紙に掲載し、「さらば週プロ　さらば活字プロレス」と大見出しを打った。

山本　取材拒否の通達は、忘れもしない96年の3月。編集部に届いた一通の封筒だった。曖昧問題だったのは、中の文書に、取材を拒否する明確な理由が書かれてなかったこと。

なのが、逆に本気だなと思った。長州と会談を持っても、「なんでプロレス雑誌なのにK－1の記事を載せるんだ」って、今イチ意を得なくて。そういった書面には本来、社判が押されてなきゃいけないのに、それもなかった。取材拒否について新日本内で統一見解がなされたフシがなかった。

永島　勘がいいね。あれは、俺主導でやったこと。

山本　えっ。

永島　社長の坂口さんに週プロ取材拒否を提案しても、「まぁまぁ、永島」って感じだったから、勝手に取材拒否の草案を考えた。だから坂口さんは知らなかったこと。当時の週プロは生意気で舞い上がっちゃってたから。山本、なんでも思いどおりになると思ったら大間違いだぞって。取材拒否してから、何度かベースボール・マガジン社の総務部長が話し合いに来てたけど、俺は妥協案を受け入れなかった。

山本　社会の常識からしたら、それで解決しないのはおかしい。レッスル夢ファクトリーにまで取材拒否された時は、ギャグかと思ったけど。

永島　山本はプロレスを舐《な》めてるフシがある。だから、週プロなんてなくなればいいと思ってた。取材拒否は長州に相談もしなかった。

山本　この取材拒否で週プロの部数も下がった。3割から5割……。だから、最後は実売10万部くらいだった。それと、前年の10・9でUインターが新日本に完全に負けて、あれでUを応援していた僕の命運は尽きたと思った。長州はUに勝つことで、僕にも勝ったと思っただろうね。で、年が明けて取材拒否食らって、もう終わりだなと。

永島　長州に対するその姿勢で新日本の報道も正してたら、こちらとしては週プロに対してなんの問題もなかったんだけどね。

永島はその後、新日本内の派閥闘争に敗れ退社。03年、長州と新団体ＷＪプロレスを旗揚げするも、興行的に大惨敗となり、多額の借金を背負うことに。山本はフリーライターの立場として現在も生き延び、２０１８年にはリングにも上がりプロレスラーとしてデビュー。同年の雑誌『Ｎｕｍｂｅｒ』のプロレス総選挙では、並みいる有名レスラーを押しのけファン投票14位に。19年3月には「大塚マットプロレス」を自らプロデュースしている。

永島　だから山本はプロレスを舐めてるっていうんだよ。

山本　リングには計3回上がった。最初は毒霧を浴びて血だるま。2回目は髪を切られた。3回目は大仁田（厚）から机へのパイルドライバーを食らった。それでプロレス総選挙で14位。

永島　どうして山本がプロレスラーになる必要があるんだ。永遠に相容《あいい》れない。心底プロレスをバカにしてる。取材拒否をしたことは今でも後悔はないよ。

山本　僕にとっても永島さんと長州は怨敵《おんてき》ですよ。取材拒否で退社の翌年には離婚して、僕の人生の暗転はそこからだから。

本書は2020年2月に小社より刊行した単行本『シュートマッチ プロレス「因縁」対談 10番勝負』を改訂し、文庫化したものです。

宝島SUGOI文庫

シュートマッチ　プロレス「因縁」対談 10番勝負

(しゅーとまっち　ぷろれす「いんねん」たいだん 10ばんしょうぶ)

2024年4月17日　第1刷発行

著　者　アントニオ猪木+長州力+天龍源一郎+藤原喜明 ほか

発行人　関川 誠

発行所　株式会社 宝島社

〒102-8388　東京都千代田区一番町25番地

電話:営業 03(3234)4621／編集 03(3239)0927

https://tkj.jp

印刷・製本　株式会社広済堂ネクスト

First published 2020 by Takarajimasha, Inc.

ISBN 978-4-299-05416-6